対話術

発問・説明・指示を超える

山田洋一

さくら社

はじめに

私は若いころ、授業をよくしたい一心で、高名な先生方の実践を片っ端から追試しました。授業は、それまでのものとは比べものにならないほどよくなったように思われました。また、子どもたちも喜んでくれました。しかし同時に、そこに不足のようなものを感じてもいました。

それは、その時点では言葉で言い表せない違和感でした。「なんとなくスムーズではないような……」「なんとなく子どもたちが楽しくなさそうな……」としか表現できませんでした。

その頃、私は教育サークルを立ち上げました。最初につくったサークルが「教育実践研究サークルふろむA」、現在主宰しているサークルは「北の教育文化フェスティバル」です。そうしたサークルの活動の一つに、研修会の企画運営があります。この研修会は、「北海道のような中央から離れた場所ででも、一流の講師から学ぶ機会をつくる」という目的で行われています。私たちは、その目的の通り、まさに超一流の講師に毎年のように出会い、学ばせていただいています。

さて、そうした出会いの中、気づかされることがあります。それは、一流の講師は、一様に話し上手であると同時に、「聞き上手・訊き上手」だということです。私から講師に質問しているつもりが、気づいたら自分のことを熱心に語っているということがしばしばあります。また、講演でも、模擬授業でも参加者とのやりとりは絶品です。聴衆に尋ね、考えを言わせ、それを受け止め、返すという技の素晴らしさには、毎度ため息が出ます。

そんな一流の講師の授業に触れるうち、はたと気がつきました。発問・説明・指示だけで授業は進んでいるのではないということに。その発問・説明・指示の合間に存在する子どもとのやりとりにこそ、授業の雰囲気を規定する要素があったのだということに。

それから、私は、子どもたちの発言や表情といったものをできるだけひろい、コメントしたり、ツッコンだり、周りの子どもたちに話を振ったり、評価したりするようにしました。すると、授業が今までとは明らかに変わったのです。この授業を変えた要素こそが、本書で「第二の対話術」と呼ぶものの中身です。

第一章で述べるように、この第二の対話術の重要性は、なんとなく気づかれていたものの、真正面からその技術が研究されたことはなかったようです。その第二の対話術を、授業中の重要な技術として先生方に意識していただき、本書で取り上げた以外の技術を、今後も集積していくための端緒として、本書を書きました。今後も、第二の対話術に関する研究が進むことを願います。

このような機会を与えてくださったさくら社横山験也氏、いつも適切で前向きなアドバイスをくださった編集担当の良知令子氏には、心より深く感謝申し上げます。また、我が父母と家族、ペットたちと音楽にも感謝。

二〇一〇年　春

山田洋一

寄り添い型

第3章 対話術を鍛える

第1章

教室における重要な教育技術

教師の側からの働きかけの、その先。
子どもの言葉を引き出すために、きわめて日常的なことながら
重要な教育技術として、見直す必要がある。

日常的な対話を見直す

1 第二の重要な教育技術

まずは、よくある授業の場面を再現してみます。

① 教師　「タナカくん、平行四辺形の面積の公式は?」
② 子ども　「底辺×高さ÷2です」
③ 教師　「惜しいね。÷2は、いらないんだ」

①は、教師から子どもに向けた質問です。授業は、原則として、発問・説明・指示などの「教師の側からの働きかけ」を軸に進んでいきます。

こうした「教師の側からの働きかけ」に関する研究は一九八〇年代から盛んに行われてきました。特に、子どもの思考を活性化したり、どの子も意見を持ち、発表しようという意欲を持つことができるようにするための「働きかけ」の研究は盛んでした。今でも授業後の検討会では、発問や指示の適正さを問う議論が活発に行われています。いくら教師主導の授業が批判されようとも、教師の側からの働きかけのない授業は存在しません。ですから、この「教師の側からの働きかけ」をどのようにするかの研究は今後もずっと続けられるでしょう。

さて、一方、前述の場面の②と③も、たしかに「教師の側からの働きかけ」なのですが、①とは少し性質が違うようです。

その性質とは、いったいどのようなものでしょうか。

それは、**「子どもの側からの表出」があって初めて行われる「教師の側からの働きかけ」**という性質です。子どもがとった態度や見せた表情、またその発言といったものに対して、適宜行われる教師からの働きかけと言えるようなものです。

私は、そうした働きかけにも見過ごせない技術が存在していると考えています。

一見すると、そこには教師の技術など存在していないように思われます。

②では、教師からの発言はありませんし、③では、質問に対する答えの正否を単に伝えているように思えるでしょう。

しかし、よく考えてみると、②の子どもが発言している場面では、教師の**「聞く」という技術**が浮かび上がってきますし、③では教師の**「返す」という技術**が浮かび上がってきます。つまり、子どもの発言を教師はどのような態度で聞き、どのような態度や言葉で返すのかという技術が存在するということです。

こうした**「聞く」「返す」という技術と①のような**「子どもの側からの表出」を前提としない技術を合わせて、教室の教育技術は成り立っています。

そうした教室の教育技術のうち、特に本書では前述の**「子どもの側からの表出」があって初めて行われる「教師の側からの働きかけ」**を扱っていきます。しかもそれは、主に対話によって行われる技術です。こうした「対話術」は、「子どもの側からの表出」を前提としない対話術と連動する重要な教育技術だと、私は考えています。

第二の重要な「対話術」と言ってもよいと思います。

2 教育現場で関心の高い「対話術」

このような「対話術」は教育現場で、どのように扱われてきたでしょうか。

例えば、授業後の検討会では、授業者に次のような助言がなされることがあります。

「授業が一問一答式になっているから、もっと子どもの意見を掘り下げるとよい」

「子どもの発言を、もう少し笑顔で聞いてあげるとよい」

「あの子の意見を元に、他の子どもたちに『今の意見についてどう思う?』と聞くと、もっと授業が広がったはず」

これに似た指摘を、私は何度となく耳にしてきました。

こうした指摘は、まさに教師の対話術についての関心の高さを端的に表していると言えます。

では、なぜ教師はこの対話術について、高い関心を寄せるのでしょう。

それは、教師たちが持っている「よい授業のモデル」が、結局のところ「教師の側からの働きかけ」と「子どもの表現・表出」のバランスの上に成り立っているからでしょう。

授業は間違いなく何らかの「教師の側からの働きかけ」があって始まるものです。教師が、何も問わず、指示もしないという授業は、原則存在しません（もちろん、そのように見える授業は時々あります）。

しかし、教師の行為だけで進められる授業は、強く批判されもします。子どもがひと言も発せず、黙って教師の話を聞き、知識を蓄積していく授業を想像していただければわかるでしょう。もちろん、そうした学習者に話をさせない・活動させない授業も、いくらかは必要であることを、私は否定しません。

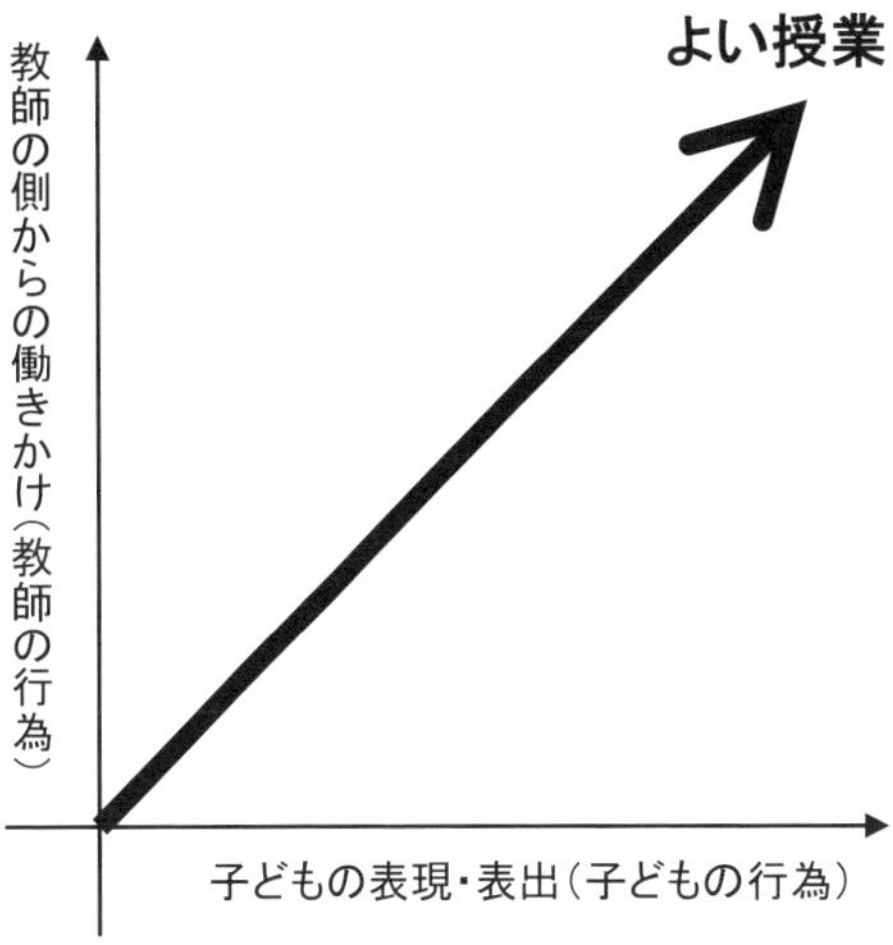
よい授業
教師の側からの働きかけ（教師の行為）
子どもの表現・表出（子どもの行為）

しかし、全体としては、やはり、子どもたちが活発に意見を交換したり、表現したりする授業に、教師たちは憧れるのです。また、多くの子どもたちもそうした授業を望んでいることでしょう。

だから、「子どもの表現・表出」を引き出す対話術に、教師たちは高い関心を寄せるのです。

3 研究対象とならなかった「対話術」

たしかに、教師たちの対話術に対する関心は高いと言えます。

しかし、発問・説明・指示などの「教師の側からの働きかけ」についての研究が、古くから学校の研究の主題になることはあっても、その先の対話の技術が直接研究されることは、ほとんどありませんでした。

それは、おそらく次のような理由からでしょう。

・対話術が、流動的である→子どもの発言はその都度違うから、一般化できない。
・対話術が、即興的である→その場で考え、即座に反応しなければならないので、事前に研究し、準備することができない。
・対話術が、訓練困難である→流動的、即興的であるので、教師の対話術をトレーニングによって向上させることが難しい。

つまり、対話術を研究しても、どうやらその努力の割に、明確な成果が得られないということのようです。

教育現場での関心も高く、さらにその重要性も十分理解されていながら、実際のところほとんど研究されていないし、研究成果の蓄積もないのが、この対話術なのです。

4 教師のまずい対話

当然のことですが、教師の仕事の大部分は、子どもとの対話です。子どもや保護者の信頼を得られるのも、また逆に子どもや保護者に不信の念を抱かせるのも、この対話次第と言ってよいでしょう。

私は、現場教師として、この対話場面でたくさんの失敗をしてきましたし、またまずいなあと思われる対話もたくさん見てきました。

【まずい対話その一】 話を聞いているようで、実は押さえ込んでいる

① 教師　「参勤交代を、なぜさせたんだろうねえ」

子ども「……」

教師　「なんでもいいよ。言ってごらん」

子ども「大名たちをそばに置いておきたかったんじゃないかなあと思う」
教師「どうしてそばに置いておきたかったんだ?」
子ども「旅行させて、いろんなところを、見させて……」
教師「うーん、ほかに?」
※教師の意図にそぐわないと、せっかく子どもが言った意見を無視して、次の指名をしようとする。発表内容の是非はともかく、これでは子どもに「発表しなきゃよかったなあ」という**後悔だけが残る。**

② 教師「どうしてAくんを叩いたんだ?」
子ども「だってAくんが、ぼくを叩いたから」
教師「叩かれたから、それですぐに叩き返したのか?」
子ども「……」
教師「叩かれたからって、叩き返していいのか!」
子ども「……」
※事実の確認も、心情を受け止めることもせず、一方的に教師の指導を通そうとしている。こうされると、子どもは指導を受け容れることができなくなり、ただ「叱られた」という**抑圧感だけを持つ。**

【まずい対話その二】　学力をつけていない・正しい行動への導きがない

①　多くの子どもたちに意見を言わせた後、「答えは一つではありません」「どれもよい意見です」とまとめてしまう。

※もちろん「どれもよい」「何でもよい」「みなさん上手です」というまとめ方が必要なときもあるだろう。しかし、こうしたアナーキーなまとめ方を多用すると、かえって子どもたちの**学習意欲を低下**させてしまう。子どもは本質的に、あくまで正しい答えを求めたがるものである。

②　ある若い先生の指導場面でのこと。グラウンドで、子どもがブランコに腰掛けたまま、教師がその前に立って指導していた。

※厳しく指導するときや、教師と話をするときには、原則として立たせる。**上下関係をしっかりと印象づけ**なければ、指導は通らない。この場合、まず「立ちなさい」という指示が必要だ。

【まずい対話その三】　わからないことへの共感がない・安心感がない

①　「どうしてわからないの！」

②　「前にも言ったでしょう！」

③　「早くしなさい」「早く言いなさい」

※こうした言葉が頻繁に教師の口から叫ばれる教室は、当然、子どもたちにとって居心地がよいとは言えないだろう。**学習意欲の根底にあるのは、教室の安心・安寧**である。

このように、教師のまずい対話を列挙することに、それほど苦労はしません。私自身、またみなさんにも一つや二つ思い当たる節はあるでしょう。

しかも、それが習慣化され、無意識に繰り返されているというのが、このまずい対話の病理と言えそうです。

5 「対話術」三つの型

前節で取り上げたような、まずい対話。それを改善するため、私は、対話術を次の三つの枠組みで考えてみました。

・**「引き出し型」………子どもの意見を引き出し、深め、広げる技術**

なかなか話せない子ども、意見を言うことにためらいがちな子ども。そうした子どもたちが思わず発言したくなってしまう、そんな技術のことです。

また、子どもの発言に対して、もう一歩突っ込んで話を引き出したいときの対話術です。

・「束ね型」…………子どもの意見をもとに、学力をつけたり、好ましい行動へと導く技術

いくつかの子どもたちの意見を、どのようにまとめるのか。また、まとめた上で、どのように次の発問へとつなぐのかという対話術です。

・「寄り添い型」………子どもの心情や考えに沿い、包み込むことで、安心を与える技術

学習に困難を感じている子ども、学校生活で問題を抱えている子どもに、安心感を与えることを目的にしています。まずは安心を与え、その上で子どもに話させようという対話術です。

これら三つの型は、もともと授業場面で使われることを想定したものでした。しかし、休み時間や放課後などの「生活の場面」でも、十分に活用することができます。授業中であろうとなかろうと、教師の子どもへの対話場面である限り、応用性が高いと考えています。本書でも、休み時間での活用場面を例として挙げている項があります。

6 教室という特殊な環境における「対話術」

ところで、「対話術」と言うと、一般には相手との一対一の対話を思い浮かべます。

相手の話をどう聞き、どう判断し、どう話すかを思い浮かべるはずです。そして、そのことによって、好感を持ってもらったり、話をまとめたり、相手に受容してもらう技術のように考

える人が多いでしょう。

しかし、教室における対話術は、実はそれだけでは十分ではありません。「一対一＋α」の意識が必要です。

「＋α」とは何でしょうか。

それは、簡単に言うと、対応している子ども以外の周りの子どもたちへの意識です。

例えば、子どもを叱る場面を考えてみましょう。

私たちは子どもを教室で叱る場面で、少なからず周りの子どもたちを意識しているはずです。一人の子を叱りながらも、周りの子どもたちが、それをどう認識し、どう考え、どう判断し、何を感じるのかを意識しているはずです。**直接指導しているのは、一人の子どもだとしても、同時に周りの子どもたちにも間接的に指導しているのです。**

こうした**周りの子どもたちへの意識が、教室における対話術の真骨頂**です。

今日、学級経営のキーワードの一つとして、集団統率力が取り上げられることがあります。この集団統率力とはいったい何かと問われれば、私はその一つとして「一人の子どもに指導しているときに、周りの子どもたちを意識できる能力」を挙げます。

こうした能力がある教師は、たった一人への指導で、四十人の子どもたち全員を指導することができるでしょう。一方、そうした能力がない教師は、四十人に対して四十通りの指導をしなければなりません。これでは、教師も、また子どもたちも疲弊してしまいます。

こうした意味で、教室における対話術はたいへん特殊であると言えます。また、周りの子どもたちを意識しながら対話術を使いこなすとき、教師は、学級経営を立体的に捉え、その腕を格段に上げることができると言ってよいでしょう。

7 「第二の対話術」の効用

本章の最初に再現した授業場面を、思い出してから次を読んでみましょう。

① 教師　「タナカくん、平行四辺形の面積の公式は？」
② 子ども　「底辺×高さ÷２です」
③ 教師　「いやあ、すごいなあ。感心したよ。すぐに答えられるんだなあ……ちょっとだけ違うけれど。ねえみんな、タナカくんがどういう考え方をしたから間違ったのか、考えてみよう」

前に再現した授業場面とは明らかに様子が違う感じがします。教師の温かい雰囲気が伝わってきますし、周りの子どもたちも、このような教室では間違った子どもを蔑んだりすることはないでしょう。むしろ、間違った子どもに対して共感し、その子がなぜ間違ったのかを考え、その子に気づかせてあげようという気持ちになるでしょう。こうしたことこそが「第二の対話術」の効用と言えます。

もちろん、授業は、「子どもの側からの表出」を前提としない教育技術（発問・説明・指示）だけでも、進んでいきます。それでも知識の伝達においては何ら問題ないからです。しかし、それだけでは教室は冷たい箱になってしまいます。教室には、熱気を帯びた知的探求心が必要ですし、子どもたち相互の温かい支持的風土も必要です。それらを具現するために必要なのが、本書で述べる「第二の対話術」なのです。

第2章

発問・説明・指示を超える対話術

山田式「引き出し型」「束ね型」「寄り添い型」の対話術を、
技術そのものについてと合わせ、
周囲に与える影響について解説。

1

引き出し型

自分を低い位置に置く

子どもの話し方がわかりづらいので、
もっとわかりやすく話をさせたいとき。

分数同士の割り算は、わる数を逆数にして……。
数学が苦手な先生にもわかるように、教えてくれる？

●追い込まずに伝える

子どもの話がわかりづらいとき、「○○が苦手な先生にも分かるように教えてくれる？」と笑顔で指示してみる。こうすることで、話す対象を意識させることができ、同時に「苦手な人にもわかる」という話のレベルもイメージとして伝えることができる。

「もう少しわかりやすく！」と、教師はついつい子どもを追い込んでしまいがちである。しかし、そのように追い込んだところで、わかりやすく話せるようになるかというと、そうではない。子どもはかえってどう話してよいかわからなくなり、押し黙ってしまったりする。そこで、低い位置から指示して、子どもの心的な負担を軽くするのだ。

●暗黙の了解をつくる

何より「話すときには、どんな人にも分かるように話さなければならないんだ」と子どもたちに意識させることができるようになる。また、何度かこの指示を繰り返すことで、教室内に「話すときにはわかりやすく」という暗黙の了解をつくることもできる。

また、あるときは「数学が苦手な……」と言い、あるときは「国語が苦手な……」などと言っていると、子どもたちからは自然と笑いが漏れる。「先生は、勉強が全部苦手なの？」と尋ねてくる子どもが出てきたりする。そうなれば、しめたもの。すかさず「そう、だから先生にはわかりやすく話してね」と笑顔で答える。すると教室に温かい雰囲気をつくることもできる。

2

引き出し型

わざと間違える

低学年にルールを確認したい。直接「～するように」「～しないように」と話しても意識されづらいと考えられるとき。

給食の準備では、まず、
トレーを一枚取って、
頭に乗せます。
ぜったい、ちがいます!!

繰り返さずに徹底させる

教室では、どうしても子どもたちに徹底したいことがある。しかし、そういったことはややもすると何度も繰り返すことになる。子どもは同じことを繰り返されると、そのことへの意識が逆に低くなってしまうものだ。そこで、「間違いモデル」を使う。

右ページの会話は次のように続く。子ども「ぜったい違います！」教師「じゃあ、両手で持ってドジョウすくい！」子ども「先生、それもぜったい違います」教師「ブーメランとか？」子ども「……（大きなため息）」教師「じゃあ、○○さん、正しいのやってよ」

それまで大笑いしていた子どもたちも、シーンとして、指名された子を注目するようになる。

思わず集中してしまう

このやり方には、圧倒的なインパクトがある。あるルールを徹底するのにこれほど有効な手段はない。間違えるはずのない教師が、公然と間違っていることを言うのだから。子どもたちは思わず集中して教師の話を聞いてしまう。

また、教師が説明するのではなく、代わって子どもがそれをするとなると、さらに効果は大きい。子どもが説明を始めると「ちゃんとあの子、言うかな？」という気持ちが高まるからである。そうした状況を意図的につくりだすことで、子どもたちに能動的に聞く態度を育むことにもなる。まさに一石二鳥の技術である。

3

引き出し型

「プラス評価＋疑問」でツッコム

子どもの発言によい表現があるので、
さらにその内容を深めたいと思うとき。

きっと、このときのナオミは
「切ない気持ち」だったと思います。
おお！　ぴったりの言葉だねぇ。
ところで、
「切ない」ってどんな感じ？

●その子らしい表現を引き出す

子どもの発言を聞いていると、その子なりのいい表現、いいフレーズに出合うときがある。そんな時は「プラス評価＋疑問」で問い直してみる。例えば、「さえてるねえ」「かっこいいねえ」「よくわかるよ」などのように評価した後、「ところで、『○○』って、どんな感じ？」「ところで、『○○』って、どんな意味？」と尋ねるのである。すると、子どもは、自分の発言を補足したり、さらにわかりやすく話そうとしたりする。その中で、その子らしい表現をさらに引き出すことにもなる。例えば右ページの子どもは、この後「例えば、すっごく大事にしていたものをなくしちゃった感じ」と答えた。

●よい聞き方モデル

その子なりのいい表現、いいフレーズを、教師が取り上げ、評価する。こうすることで、周囲の子どもたちは、発表した子どもへの評価を高めると同時に、自分も発表しようと考えるようになるだろう。

また、一方でこうした教師の対応は、「よい聞き方のモデル」にもなっている。「プラス評価＋疑問」で、教師がしばらく対応した後は、それを子どもたちにさせるように促すとよい。

例えば、「○○さんの発表の中で、光っていた言葉は、なに？」「もっと、教えてほしいと思ったところはなかった？」と尋ねることで、周囲の子どもたちの聞く力を高めることになる。

4

引き出し型

意見を持たせる「二者択一」

自分の意見を持たせたい、発言させたいとき。
子どもの発言がなく、授業が停滞しているとき。

大仏の建立は、民衆たちのためになった。
YESかNOか？
私は「NO」です。
なぜなら……。
ぼくは「YES」です。
なぜなら……。

●仮説で思考を活性化させる

その時間の中心となる発問をしたとき、子どもたちがシーンとして、不活発な雰囲気になることがある。そんなときは、その発問に続けて、「YESかNOか」「○か×か」と問い、二者択一で答えられるようにする。

漠然と考えるときより、仮説があるときの方が、思考は活性化する。つまり、「いろいろ考えて決めよう」というときより、「YES」か「NO」か決めた上で、それに整合する理由や、根拠を探すときの方が、人間の思考は活性化するということだ。だから、授業が停滞して、発言も少ないときは、問題に対する答えを二者択一にして、問い直してみるとよい。

●「全員参加」もつくる

「YESかNOか」のような、二者択一式発問をした後には、必ず「事後確認」が必要である。この確認がないと、決めなくてもいいと考える子どもが出てしまうのである。そうした状況を教師は許してはならない。しかし一方で、決定に時間のかかる子どもを厳しく叱ったりすれば、今度は授業がギスギスとしてくる。

そこで、「まだ決めていない人？」と、穏やかに追い込むのである。のんびり構えていた子は、周りの子が決めていることを見て、慌てて考えを決めようとする。これによって、二者択一式発問は、「思考の活性化」と「全員参加」の二つの効果をもたらすのである。

5

引き出し型

四手先を引き出す

子どもとのやりとりをテンポよく進めたいとき。

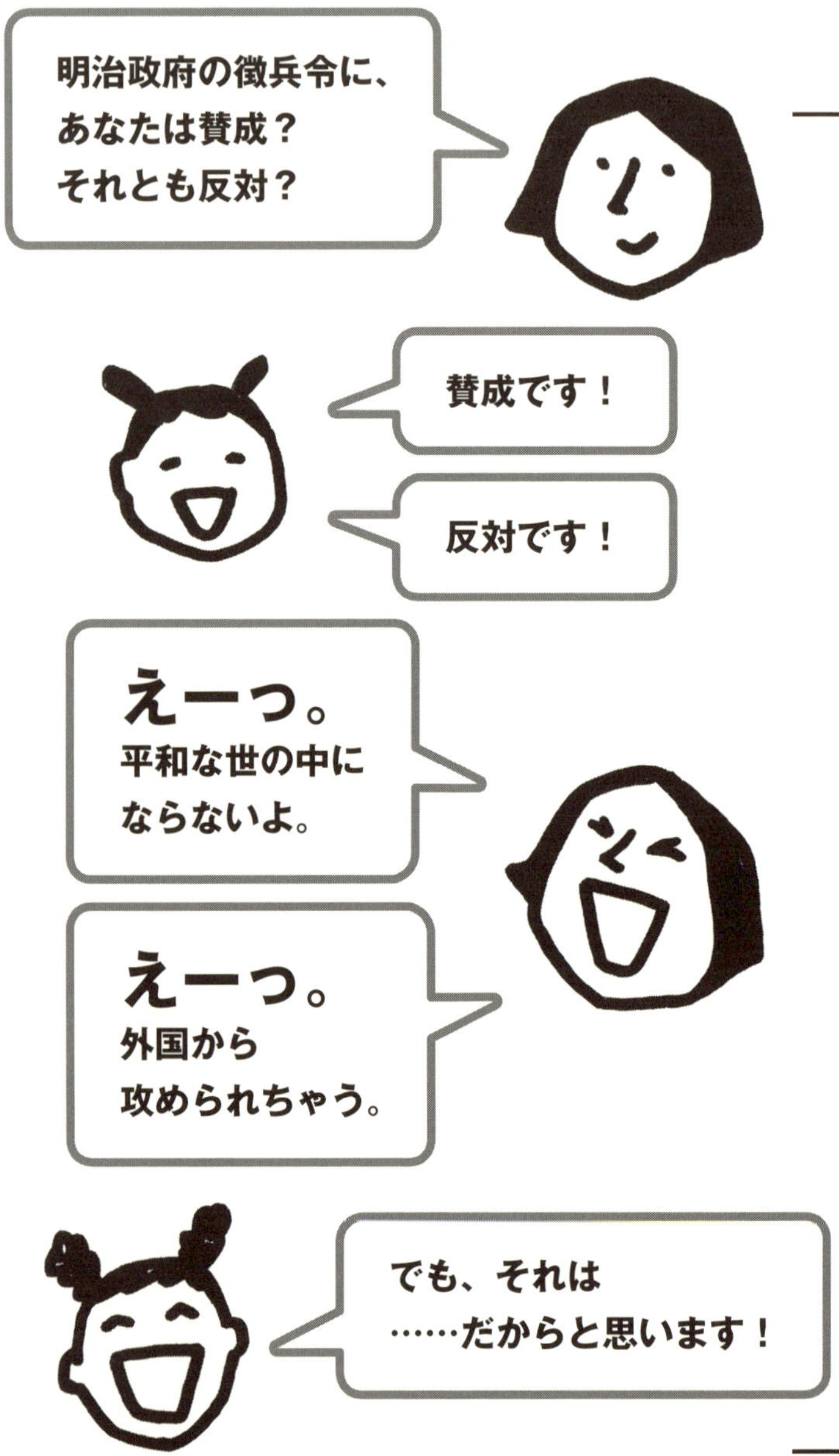
明治政府の徴兵令に、あなたは賛成？それとも反対？
賛成です！
反対です！
えーっ。平和な世の中にならないよ。
えーっ。外国から攻められちゃう。
でも、それは……だからと思います！

●発言をひと言で終わらせない

授業中に子どもたちとのやりとりをテンポよく進めたい。子どもの発言がひと言で終わらないように、さらに引き出したい。教師なら誰もが望むことである。

そうしたときに、教師は、子どもとのやりとりの四手先を引き出すようにするとよい。

一手目（教師）……「A or B」「A or 非A」という問い
二手目（こども）：一手目の問いに対する答え
三手目（教師）……二手目の答えに対するさらなる働きかけ（問いかけ・挑発・ツッコミ等）

こうした一連の働きかけによって、四手目の子どもからの反応を自然と引き出すことができるようになる。

●子どもの代理的な行為

テンポがよく停滞しない授業は、何より子どもたちの集中度を高め、ストレスを高くしない。また、こうした教師の対応は、周囲の子どもたちの代理的な行為となる。つまり、「私もそう聞きたかった」「僕もそう言いたかった」という子どもの思いを、教師が代わりに具現するということになる。周囲の子どもたちの感情と教師の働きかけとの連動を生むことになり、結果として、教室に一体感が生まれるのだ。

さらに教師と発言者のやりとりが、子どもたちのコミュニケーションモデルにもなる。

6

引き出し型

「呼び水言葉」を使う

子どもから話しかけられ、
その子の話をもっと引き出したいとき。

昨日、わたしね、……したの。
昨日のいつ？　誰と？　どんなふうに？　どうやって？　どんな感じだった？　なにをしたの？　それからどうしたの？　……

●チャンスを逃さない

自分から教師に話しかけてくる子ばかりならいいが、そうはいかないのが教室。引っ込み思案な子どもがおずおずとやってきて、ぼそっと話してくれたら、そのチャンスを逃がしてはいけない。すかさず「呼び水言葉」を使って、子どもの話をさらに引き出してほしい。「5W1H」を使った質問や、「それから?」「もしも○○だったら?」という言葉も、会話に変化をつける。こうした話を引き出す言葉（呼び水言葉）を使うと、話が弾む。

ただ、言葉に頼りすぎてはいけない面もある。そうした子が話しかけてきたら、正対して、手にはなにも持たず、ほほえんで聞くことが大切だ。体で聞くということも重要なのだ。

●会話の弾む様子を見せる

基本的に、子どもたちは教師に話を聞いてもらうのが大好きだ。低学年を担任している先生には、すぐに賛成していただけることと思う。一方、高学年の子どもたちはどうだろうか。本当は高学年の子どもたちだって、先生に話しかけることが大好きだ。

しかし、そのことを強く意識してしまうあまりに、かえって話しかけられないでいるだけなのだ。だから、子どもから話しかけられたら、まずは会話を弾ませることを考えよう。そうした会話が弾んでいる様子を周りの子どもに見せることが、さらに他の子どもにも話しかけるきっかけを与えることになるのだ。

7

引き出し型

自慢話は体全部で聞く

子どもが、自分の自慢話を聞いてほしくてやってきたとき。

ぼく、おねえちゃんとふたりでおつかいにいったんだよ。
えぇ!?　ウソでしょー。
一年生にはムリムリ!!

●最後まで聞いて肯定する

低学年の子は、自慢話が大好きだ。自慢話を聞いてもらいたくて仕方がない。特に兄弟が多い子は、家で聞いてもらえないことが多いので、「ぜったいに先生に聞いてもらいたい！」と考えるようだ。そういうときは、とにかく体全部で聞いてあげること。大げさなほど、目を大きく見開いて、顔全体で笑顔をつくる。手の表情も大事だ。手をいっぱいに開き、手の平を上に向ける。言葉は「否定」→「肯定」がポイント。始めは、「ええ、ウソでしょう」「信じられなーい」といった否定語を使う方が話が盛り上がる。そして、最後まで聞いた後、「へええ本当なんだねえ、先生、驚いちゃったよ」と肯定してあげるのだ。

●自慢話は信頼のバロメーター

自慢話を、子どもがしてくるかどうかは、教師への信頼バロメーターの一つ。自慢話を子どもがするというのは、「この先生に認めてほしい」という気持ちの表れなのだ。だから、自慢話をされるというのは、その教師が子どもから価値ある存在として認められているということに他ならない。

休み時間には対応するのがたいへんなくらい、子どもが集まるかもしれない。しかし、それでも体全体で「聞いていますよ」というアピールをしてあげてほしい。そうするうち、引っ込み思案の子どもも、徐々に緊張を緩ませ、少しずつでも自慢話を始めるに違いない。

8

引き出し型

得意なカテゴリーで指名する

引っ込み思案の子どもに、
発表で自信を持たせたいとき。

社会が得意なツキミさん、どうぞ!!
たぶん、自動車工場は…………だと思います。

●間違えさせない手堅い手順

引っ込み思案の子どもに、自信を持たせて発表させたい。そんなときは先に褒めてしまうことだ。例えば「○○が得意な□□さん、意見をどうぞ」というように。そうやって促されると、子どもは教師の期待に応えて発表しようとする。

ただ、自信を持たせるために指名をしたのはいいが、その子が間違えてしまったら、効果は半減する。そこで、発問→ノートに書かせる→机間巡視→そっとノートに○をつける→指名という手順が手堅い。ノート作業をさせ、答えを確認してから指名することで、失敗の危険性はなくなる。また、子どもも自信を持って、堂々と発表することができるようになる。

●一つに絞って褒める

これにより、指名された子どもの評価が、教室内でぐっと高まることになる。つまり、普段引っ込み思案で、なかなか発表できないおとなしい子どもでも、教師に「○○が得意な□□さん」と言われると、そういう子として周りの子どもたちに印象づけられるのだ。また、実際にその答えが立派なものであれば、印象だけではなく、実力も評価されることになるだろう。とくに、一つのことに絞って褒めてあげると、周りの子どもにはそのことが強く印象づけられる。そうした授業中の評価は、学校生活全体にも広がり、その子の評価をさらに高めることになる。

9

引き出し型

なにを言ってもよい発問から始める

学年はじめ、発表への抵抗を
持つ子どもが多いとき。

「川」と聞いて思い浮かぶことを
たくさんノートに書こう！
・流れてる
・冷たい
・青い
・魚がいる
・釣りをする……。

●書けない子へのヒントは例示

学年はじめ、発表に抵抗を持つ子どもは多い。「この先生はどんな答えを望んでいるのかな」と考えたり、今までの経験から口をつぐんだりしているのだろう。

そういう状況では、なにを言ってもよい発問から授業を始める。一人でいくつも答えが出せるような発問がよい。それをまずノートに書かせ、その上で発表させる。それでもなかなか書けない子がいるときは、机間巡視をしながら、ノートを次々と読み上げるとよい。例えば、「『流れてる』、うん、いいね」「『冷たい』、そうだねえ、その通りだね」。このような例示が、答えが書けない子どもたちへのヒントとなり、どんどん意見を引き出すことになる。

●周囲からの評価も上げる

学級経営の初期段階、子どもたちは「こんなこと言って大丈夫かな」「みんなに笑われないかな」という緊張状態にある。その緊張状態をほぐすのが、この発問。なにを言ってもよいので、自信を持ってノートに書くことができるし、抵抗なく発言できるのだ。また、この発問の後は、必ず全員に発表させるようにする。そうすることで、周りの子どもたちから、どちらかというと「おとなしい子」「発表が苦手な子」と思われている子までが、発表することになる。それは、本人に自信を持たせるとともに、周囲のその子への評価をぐっと上げることにもなる。

10

引き出し型

正答をゆさぶる

正しい発言だが、もっと内容を深めて、話をさせたいとき。

……だから主人公は、がまんしたんだと思います。
先生なら、そんなことぜったいしないなあ。
……でも、そっちの方が後悔しないと思う。

●正答指向を超える

教師が発問する。子どもが答える。その答えが非常に優秀なときでも、ときにはそれをいったん崩すようにツッコンでみる。

「先生ならそんなことしないなあ」「そんなことしたら、損だよ」「もっと楽しい方がよくない?」「自分ばっかり損するのイヤじゃない?」というように。

真っ当な答えに対して、教師は正答指向が強いので、ついつい「その通り」と言ってしまいそうになる。しかし、そうすると子どもの思考は深まらない。だから、真っ当な答えには、なおさらもう一歩のツッコミが必要なのだ。そうすることで、子どもの思考は活性化する。

●授業の真骨頂は、破調、葛藤

教師の発問に対して、子どもの正答が並んでいくというのは、よい授業のように見える。しかし、そうした調子のよい授業というのは、スムーズである反面、子どもには単調で退屈な場合もある。授業の真骨頂は、破調であり、葛藤である。いかにも正しいと思える発言。その発言を、周りの子どもたちは「そう、その通り」という思いで聞いている。そのときに、教師も「そうだな、正しいな」と言ってしまうと、授業は単調になり、子どもたちの思考は活性化しない。そこで破調でツッコンでみる。発言した子どもも、周りの子どもたちも、「そんなはずはない」と、思考を活性化させ、反論を試みるはずだ。

11

引き出し型

家族を引き合いに出す

短くしか話せない子ども、淡泊な発言が目立つ子どもから、もっと考えを引き出したいとき。

お母さんがその子に「ありがとう」って言ったんだと思います。
ヒロエさんのお母さんも言ってくれそう？
言ってくれないと思います!!
えぇっ!? どうして？

●話せないのはレパートリーが少ないから

子どもの発言に物足りなさを感じたら、その子の家族にたとえたり、置き換えたりして話を続けさせるとよい。

短くしか話せない子や淡泊な発言の子どもたちも、決して発表すること自体は嫌がっていない場合が多い。単に話す内容のレパートリーが少なく、「なにを話してよいかわからない」だけなのだ。そこで、家族を引き合いに出して、「あなたのお母さんなら言いそう？」「あなたも同じようにお父さんに叱られる？」「あなたも兄弟とはよくけんかする？」などと問い返してあげると、発表を続けることができるようになる。

●一体感、安心感を生みだす

第一に、家族にたとえた話というのは、周りの子どもたちにもわかりやすい。同じような共通体験や共通感覚があるからだ。特に、親から叱られた話、兄弟げんかの話は、よくわかる。

家族の話は、共感を得やすいのだ。つまり、「あの子もそうなんだ」「あの子も家庭では私と同じなんだ」と発表を聞きながら感じることができるわけだ。

そうした共感は、受容的な学級風土をつくることになる。「あの子も自分と同じ」という感覚は学級に一体感や安心感を生み出すものなのだ。

12

引き出し型

常識を覆す疑問文で問う

ゆるみのある教室の雰囲気を活性化させたいとき。

涙をこぼさなかった「母ちゃん」は、
冷たい人間なんじゃないのか？

●反論意欲をかきたてる

月曜日の一時間目、そして週末の午後の授業。教師にとっては、子どもが学習に向かってくれない魔の時間だ。ゆるみのある子どもたちの学習意欲を呼び戻すには、「常識を覆す疑問文」を使った発問をするとよい。

「こんな先のとがった土器は、使い物にならないんじゃないか。だいたいどうやって置くの？」「そんなにたいへんな米作りなら、やめてしまえばいいんじゃないのか？」「警察官は、たくさん事件が起こった方が、お給料がもらえて得なんじゃないのか？」

こうした発問が、子どもたちの「反論したい」という意欲をかきたてる。

●教室に一体感をつくる

こうした常識を覆す疑問文を使うと、教室全体が一気に活気づく。子どもたちは、内心「この先生はなにを言っているんだ？」というような気持ちになるようだ。そして、ある種の正義感に似た気持ちから、反論したくなるようである。

また、一人が教師の発問に対して異を唱えると、「そうだ、そうだ」という賛同の声さえ起きることがある。こうした空気によって教室に一体感が生まれ、子どもたち同士に連帯意識が生まれる。

また、そうした場面では、普段仲の悪い二人が協力するというドラマも生まれたりもする。

13

引き出し型

「褒めでボケ」る

とても優れた解答に対して、その良さを強調したいとき。
正答が続き、授業が単調になりそうなとき。

この問題は、
……で解けると思います。
そんな立派な答えには、
ごほうびに100問追加!!

正答が続いて授業が単調になったら

とても優れた解答が得られたときや、そうした正答が続いて発表されたときは、「褒めでボケ」るとよい。この「褒めでボケ」は、ボケているようで、実は子どもを高く評価している褒め方だ。例えば、「そんなに早くできてしまう人には、ご褒美として問題一〇〇問追加！」「そんなに足の速い人は校庭百周だな（笑）」などのように言う。

　正答が続くと、教師はスムーズに授業が進むので内心嬉しいのだが、その反面子どもたちは授業が単調になるので、集中力を欠いたり、思考をストップさせたりする。そうした状況を打開するのが、この「褒めでボケ」である。

学習事項を強く印象づける

「褒めでボケ」をすると、まず、授業が単調でなくなり、楽しく授業を受けられるようになる。周囲の子どもたちが、「先生、なんで？」とツッコミを入れてくるようになる。そうなればしめたもの。子どもたちが、発言の内容に耳を傾けているということであり、教師のリアクションにも集中しているという証拠である。

　正答というのは、当たり前すぎて、子どもの記憶に残りにくいという側面もある。そうしたときの教師の一見正反対とも思えるリアクションが、子どもたちに学習事項を強く印象づけることにもなるのだ。

14

引き出し型

最大級の賛辞と軽めのツッコミ

発表しようという意欲を評価し、
一方で答の誤りを伝えようとするとき。

動物は、二酸化炭素を吸って、酸素を出していると思います！
答えようという、その気持ちが嬉しいなぁ……間違ってるけどね。

●発表意欲を否定しない

発表内容の誤りに対しては、間違いだということを明らかに伝えなければならないのだが、子どもの発表意欲までも否定してしまうのは、教師の本意ではないだろう。そこで、勇気をもって発せられた誤答に対しては、最大級の賛辞を贈る。「発表しようという気持ちが嬉しい」「誰も手を挙げない問題に君だけが答えようっていうんだもの。これは、すごい！」などのように嬉しい気持ちを、目一杯に表現する。その上で、少し間をおいて、軽めのツッコミを入れるようにして適否の指摘をする。例えば「間違ってるけどね」「でも、おしい！」「残念、百点満点中の七十五点！」というように。

●高学年の子にも有効

発表すること自体は、たいへんよい行為だ。それは認めたい。また誤答であれば、本人にも、周囲の子どもたちに対しても、しっかりと伝えておかなければならない。

しかし、高学年の場合には、行為を大げさに褒めることは、やや受け容れられづらい面がある。どうしても、その褒め言葉が、本人にも周囲の子どもたちにも、わざとらしくひびいたり、空々しく感じられるということがあるからだ。

そこで、誤答ながら発表した子どもには最大級の賛辞を贈ったあとで、指摘は軽いツッコミのようなかたちにして笑いを取る。前段の賛辞に真実味を持たせるのだ。

15

束ね型 例示して、納得させる

抽象的な話や結論。多くの子どもたちに理解されていないと感じたとき。

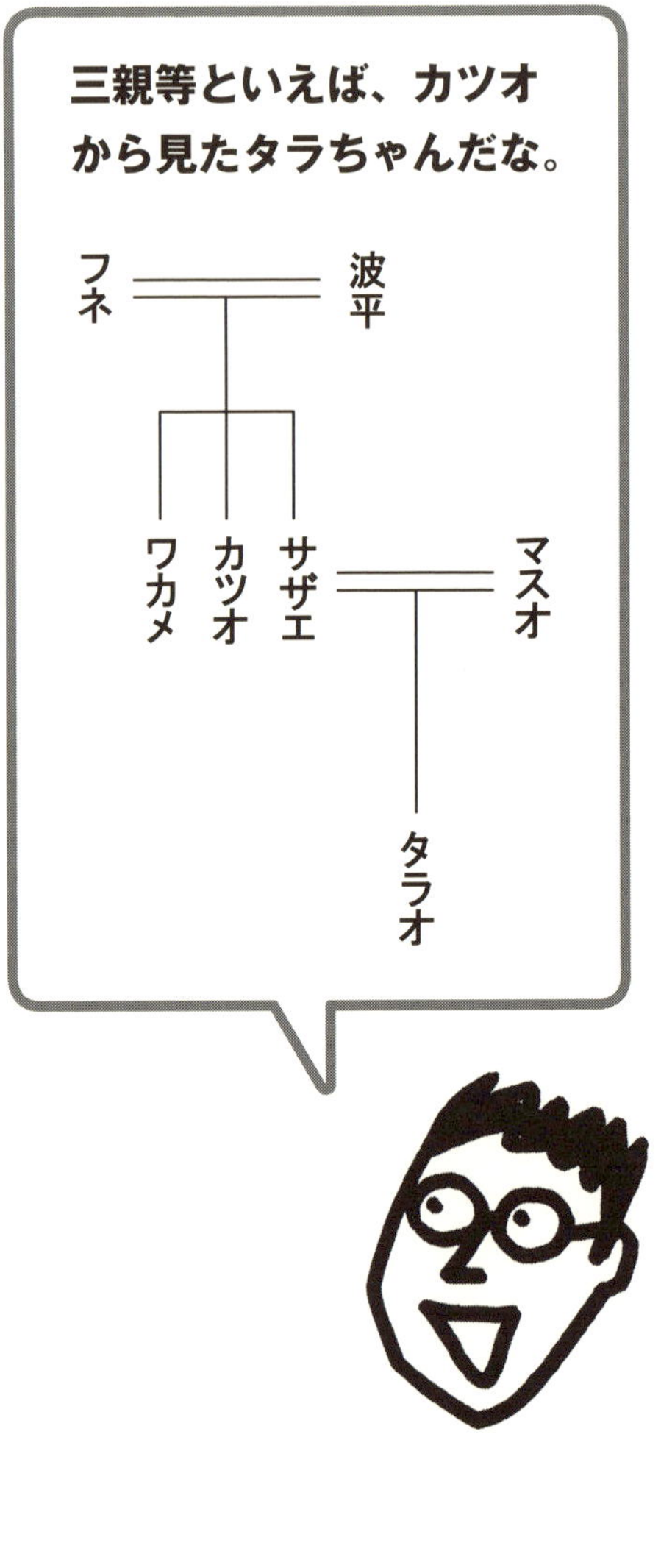
三親等といえば、カツオから見たタラちゃんだな。
波平
フネ
マスオ
サザエ
カツオ
ワカメ
タラオ

●難しい話を身近にする

教科書の言葉を、意味をよく理解しないうちにそのまま子どもが使って答えたり、教師の話が抽象的になってわかりにくくなることがときどきある。そんなときは、身近な例を使って、補足説明をするとよい。「みんなの家庭で言えば、□□のような」や「児童会で言うと、○○みたいなものだな」というように、子どもの身近な環境になぞらえて言うのだ。また、多くの子どもたちが知っているであろう題材で例示するのもよい。「これは、ドラえもんとのび太のような関係だな」や「動物であっても登場人物ということもあるんだよ。桃太郎に出てくる、犬、猿、雉のように」といった具合だ。

●話し方モデルの提示

この方法を使うと、授業中の難しい話に、子どもたちが抵抗感を持たなくなる。難しい話、堅い話を、楽しく聞くことができるというよさもある。子どもたちは、わかりやすく話してくれる教師が大好きなのだ。また、これは同時に「話し方のモデル」を示していることにもなる。例示や喩えというのは、話をするときの効果的なレトリックである。こうした話し方ができる学習者を育てるというのは、教室では重要なことである。

教師が何度もこうした話し方をすることで、子どもたちの中にも「例えば～」と話す子が出てくるようになる。

16

束ね型

小さなまとめの後に接続語

授業全体にストーリー性を持たせ、文脈をつくり、わかりやすい授業を目指したいとき。

……ということがわかったね。
ところで、
そうすると結局……は、
どちらになるでしょう。

●授業の経過、到達度をわかりやすくする

授業全体にストーリー性を持たせ、授業の文脈をつくる方法である。一時間の授業を小さなまとまりに分けて行うユニット型授業や大きな規模の活動を行うワークショップ型授業等。そうした授業を行うときや、従来からある問題解決型授業を行うときにも、これらの方法は有効だ。

「発問→発表→まとめ」あるいは、「指示→活動→評価」のような小さなまとまりのあとには、必ず接続語を入れる。「まず」「次に」「ところで」「こういうわけで」……。こうした語を使うことによって、授業の経過、到達度がわかりやすくなる。

●活動の意義や目的を伝える

接続語を小さなまとめの後に入れることで、なんのためにこの活動を行うのかが端的にわかり、なおかつ一時間の授業の進度をそれとなく子どもたちに伝えることができる。

活動中心の授業では、子どもたちはとにかく活動はしているのだが、それが学力と結びついていないことが、少なくない。その原因は、子どもたちに活動の目的や意義が理解されていないことにある。授業の中での個々の活動が、それぞれどのように関係しているのか、授業が最終的に何を目的として、どの方向に、どの程度進んでいるのかを知らせることが大切なのだ。

17

束ね型

擬態語・擬音語で印象強く

作業行程が複雑で、
子どもたちの記憶に残りづらいとき。

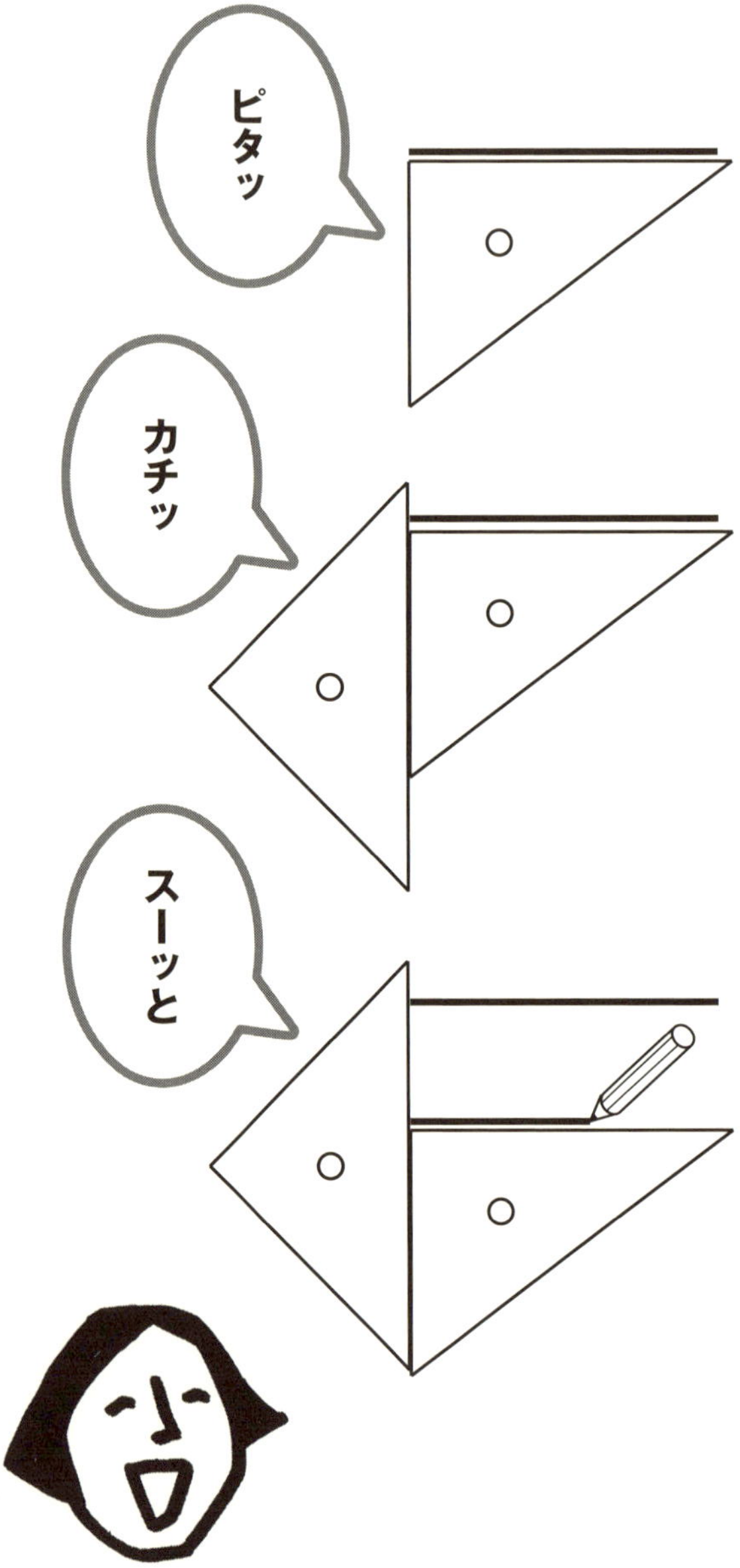

●理屈抜きで教えるときに

擬態語や擬音語を使って、作業工程を定着させる技術である。学習内容の中には、考えさせるのではなく、教示しなければいけないもの、理屈抜きで教えなければいけないものがある。

例えば、三角定規を使って平行線を書く手順は、「ピタッ・カチッ・スーッと」。また、跳び箱運動などでは、「スタスタ・トンッ・パッ」のように、体の動きをわかりやすく説明し、スムーズな体の動きを引き出したりする。この擬態語は、板書したり、画用紙に書いて掲示したりして、何度も子どもたちの目に入るようにすると、さらによい。

●子どもたち同士のサポートも促す

子どもたちに、「教え合い」を促すと、仲間をサポートしようという気持ちはあるのに、何を、どう教えてよいのかわからないという子が出てくる。

こうした子どもたちが、擬態語や擬音語のおかげで、サポートの仕方を身につけるようになることがある。

教室に「『ピタッ・カチッ・スーッと』だよ」とか、「次は、『カチッ』だよ」とか、「〇〇さん、もっと『パッ』を早く」とかいう言葉が、飛び交うことになる。

擬態語や擬音語は子どもたち同士のサポートを促す効果も上げるということだ。

18

束ね型

子どもの名前でネーミング

子どもから出たよい方法や考えなどを、
子どもたちの記憶にとどめたいとき。

●自己肯定感の醸成

子どもが考えた方法や考えを、「マコト方式」や「サナエの公式」、「ヒカルの大発見」など子どもの名前でネーミングしてしまうという方法。

子どもは、自分で見つけた方法や考えに自分の名前をつけてもらうと、学習や活動への意欲をがぜん高める。

あわせてそれは、子どもの自己肯定感を高めることにもつながる。自分の考えが、教師に認められたと感じられるからである。また、仲間が何度も「○○方式！」と自分の名前を呼んでくれることも嬉しいようである。

●意欲の高い学級をつくる

誰かの方法や考えが「○○方式」と名づけられると、周囲の子どもたちもこぞって、「ようし、ぼくも○○方式を発見するぞ」と意欲を高める。また、その考えや方法が、発案・発見した仲間のイメージと結びつき、強く印象づけられるという効果もある。

こうした「○○方式」や「○○の大発見」を短冊に書き、掲示すると、いつもそうした発見をしようという意欲の高い学級をつくることができる。また、班活動を活性化したい時期には、「○○班方式掃除法」「○○班方式相談法」などのように、班活動の質を高める方法として使うこともできる。

19

束ね型

「つまり」でキーワード化する

子どもの発言が長いとき、
またそのため要領を得ないとき。

縄文人は、○○だし、△△だし、××だったから……
つまり、◎◎という
ことでいいかな？

●発言をフィードバックする

発言が苦手な子どもは、発言する勇気を持っていないことが多い。よしんば勇気を出して発言したとしても、たいていは話すことに慣れていないために、周りの子どもたちには「複雑でわかりづらい」「長すぎてわからない」などと評価されてしまう。そうして、せっかくの機会が発言する意欲を失わさせてしまうことも少なくない。

子どもの発言が長く、そのため要領を得ないとき、教師は「つまり、○○ということでよいかな」とその発言を短くまとめて言い換えてあげるとよい。こうすることでその子自身に発言が短くフィードバックされ、自分の発言を客観的に捉えることができるようになる。

●発言への安心感を持たせる

子どもの発言内容を教師がキーワード化することは、次の点で効果的である。

①発言内容が周りの子どもに理解しやすくなる。

②キーワード化の仕方を例示することになり、先々、子ども自身が発言を短くキーワード化するようになる。

また、教室では誰がどんな発言をしても先生がわかりやすくしてくれるという安心感や、どのような発言も授業に生かされるのだという安心感を、子どもたちに持たせることができ、そのことは、子どもたちの前向きな学習態度を育てることにもなる。

20

束ね型

「ひと言で言うと」でキーワード化させる

子どもの発言が長いとき、
またそのため要領を得ないとき。

縄文人は、○○だし、△△だし、××だったから……
ひと言で言うと？
不安定な生活!!

●自分自身でまとめる力をつける

子どもの発言が長く、そのため要領を得ないときは、まずは60ページのように、「つまり、それは○○ということでいいかな」と、教師がキーワード化してあげるのがよい。しかし、それを長く続けるのは得策ではない。なぜなら、いつまでも子どもが自分自身で考えをまとめる力をつけることにならないからだ。そこで、子どもの発言の後に「ひと言で言うと？」や「うんと短く言うと？」「五字以内で言うと？」などと尋ねるようにする。

このように発言を求めることで、子どもが自ら短くわかりやすく話そうとする意識を持ったり、自分の考えを客観的に捉えたりすることができるようになる。

●発言への「安心」の先は「質」

子どもが発言をするに至るまでには、「安心」が必要な条件である。しかし、発言するということを目標に掲げるだけでは、子どもたちの発言の質は、いつまでも高まらない。また、教室の緊張感もなくなる。いわゆる「だれる」という状況だ。緊張感のない場の雰囲気は、質の高い発言を生まない。

子どもたちの発言量が増えるにしたがって、教師は、子どもの発言に切り込み、話し方を鍛えることが必要になってくる。そうすることで、授業の雰囲気をぴりっとしたものにし、子どもたちの発言の質を高めることもできるのだ。

21

束ね型

課題を連続させる

課題意識を持続させたり、
思考活動を深めさせたいとき。

今、……がわかったね。
ところで、
他には……はないの？
はいっ！
まだある、まだある!!

●課題の連続を意識させる

子どもたちの集中を持続させたり、思考活動を深めさせたりするには、一つの課題が解決されたのち、すぐに新たな課題が生まれるような工夫をすることである。

例えば、一つの課題に対して「まとめ」がされた後、「○○についてはわかった。ところで、△△はどうなの？」「○○は解決されたけれど△△については、まだわからないだろう？」のように重ねて問いかけるとよい。

子どもは、一つの課題が解決されると安心してすぐに集中を欠いてしまうものだが、また新たな課題があるとわかると、がぜん課題解決のための意欲を増すものである。

●全員の関心事につなげる

課題の連続によって意欲を高めるためには、さらに学級全体を巻き込む技術が必要である。

一つの課題に続けて「△△については、わかる？」などと尋ねたとき、「わかるよ！」と声を上げる子どもが必ずいる。すかさずその子どもを指名して、発言させるのだ。

その発言のあとは、「○○さんの言っていることに、賛成の人は○、反対の人は×を頭の上でつくってごらん。せーの、ドン！」と意見分布を取る。このようにすることで、新たな課題を子ども全員の関心事にすることができる。

22

束ね型

おかしな合いの手を入れる

教師と一人の子どもとのやりとりが長くなり、
周囲の子どもたちの集中が途切れたとき。

明治政府の行った新しい政策は、たくさんあります。例えば廃藩置県とか……。
「廃藩置県」か。キミのお父さんもさぞ喜んだだろう。

●子どもの喜ぶ合いの手

話の長い子には、短く話すよう指導すべきだ。しかし、それが普段発表をあまりしない子どもであれば、そうとばかりも言えない。むしろその機会を捉えて、ぜひ長く話をさせたい。そして、発表することに自信をつけ、人前で話すことへの抵抗感をなくしてもらいたいと、教師なら考える。ただ、そのやりとりが長くなると周囲はダレる。

そこで、発表者も周りも楽しくなるような合いの手を入れてみる。ときには内容とまったく関係のない「○○さんも喜んだだろう」「そういうときの気持ちを誰に一番伝えたいですか？」といった、ややシュールともいえるような合いの手を入れると、子どもはとても喜ぶのだ。

●教室に一体感をつくる

長い発言には、周囲の子どもたちが飽きてしまう。休み明けや週末の集中度が低いときは特にそうだ。それでもどうしても長く話をさせたい子もいる。せっかく発表し始めたのだから。しかし、そうしたときに周りの集中度が低かったり、「長いなあ」と思う雰囲気が伝わってしまったりすると、逆効果だ。

そこで、ときに教師がおかしな合いの手を入れることによって、周囲の子から「そんなことないよねえ」などという声が次々に上がれば、教室に一体感が生まれる。また、教室全体で「聞いているよ」という雰囲気をつくることもできる。

23

束ね型

簡単なことを高度に、高度なことは簡単に

子どもたちの語彙を増やしたいとき。
学力差を縮めたいとき。

農業でつくられたもののことを、
漢字三文字でなんと言う？
「農作物」です！

●辞書引きせずに語彙を増やす

子どもの学力は、語彙力と大きく関係があるということは、現場の教師であれば、当然のこととして受け容れられるだろう。語彙力が低くて学力が高い子どもはほとんどいないであろうし、その逆も同じ。学力をつける第一歩は、語彙を増やすことである。

さて語彙を増やすのに、最もよい方法はなんと言っても、辞書を引かせることである。しかし、授業中に逐一辞書を引かせるのでは、授業のテンポが落ちるし、煩わしい。そこで、手軽にすぐできる訓練法が、「簡単なことを高度に、高度なことは簡単に」言い換えるという方法である。とくに重要語句を扱うとよい。

●学習上のバリアフリー効果

語彙を増やすための訓練であることは言うまでもない。しかし、この方法は、教室内の学力差を埋めるという効果もある。

同じ学年、同じ学級とはいえ、その学力には差がある。そこで役に立つのが、「簡単なことを高度に、高度なことは簡単に」言い換えるという方法である。簡単なことを高度な語句に置き換えるときには、学力の高い子が活躍できる場を用意することとなる。また、高度な語句を簡単な語句に置き換えることは、学習に困難を感じている子どもたちへの援助になる。教室におけるバリアフリー的な方法の一つといえる。

24

寄り添い型

そこまでを繰り返す

プレッシャーを強く感じて、子どもが途中で発言をやめてしまいそうなとき。

●応援姿勢は並んで立つことから

シャイな子どもが、意を決して何かを話そうとしている。そんなとき教師は、全面的に応援しなければならない。まず、授業中なら、さりげなく横に並んで立つ。休み時間などであれば、肩にそっと手を置く。子どもと対峙せずに、同じ方向を向いて立つことによって、心的な圧迫を減らしてあげる。

それでも、シャイな子どもは言いよどむことがある。頭の中が真っ白になってしまうのだ。そうしたとき、教師はそこまで話したことをゆっくりと、柔らかい口調で繰り返すとよい。すると、子どもは自分の文脈を思い出し、再び話すことができるようになる。

●「私も発表しよう」と思わせる

第一に、発表する子どもに対して、教師が支持的に対応することで、同じように発表が苦手な子どもたちが、安心を得られる。こうした安心は、子どもたちの「私も発表しよう」という気持ちをさらに引き出すことにもなる。

また、教師がそうした接し方をすることによって、発表が苦手な子どもや発表の途中で言いよどむ子どもに対する、寛容の雰囲気を教室につくることができる。

つまり、教師の支持的対応が「よい聞き方モデル」として教室に浸透することになるのだ。自分の対応が、常にモデルとして教室に浸透するということを、教師は意識すべきである。

25

寄り添い型

話し合いの交通整理をする

話し合いが混乱したとき。

話し合いがとても活発だね。
今出されている意見は２つだね。
ケンジくんは……、みずよさんは
……。結局、２人の意見の違いは
……ということだったったね。

●話し合い交通整理のポイント

子どもたちによる話し合い活動は、教師なら誰もが憧れるレベルの高い学習形態だ。また、自己表現がしやすいので子どもたちにとっても望ましい学習形態と言える。しかし、一方で進行が困難な学習形態とも言えるだろう。しばしば、停滞したり、混乱したりもする。

そのため、教師は要所で介入して、交通整理を行う必要が生じる。ポイントは次の点。

・まずは、話し合いの内容をプラス評価したり、労いの言葉をかける。
・何種類の意見が出されて、要約するとどのようであったかを、おさらいする。
・それらの違いや類似点を端的に言う。

●意味のある話し合いにするために

たしかに、子どもたちだけで進める話し合い活動は、教師も子どもも望む形態だ。しかし、大事なことは、話し合いをするというそのこと自体にあるのではなく、意味ある話し合いにしていくということである。話し合い活動のための話し合いになってしまったり、発表することが得意な子どもだけの話し合いになったりという状態に陥らないようにしなければならない。そのためには、できるだけ多くの子どもたちが、話し合われていることを理解し、発言する機会を持てるようにする必要がある。これは、そのための方法である。

26

寄り添い型

共に悩んでみる

話し合い活動で、解決の糸口が見えず、活動が停滞しているとき。

●解決よりも子どもとの連帯感を

すぐには解決できない問題が起きることがある。そんなときは、率直にそう言えばよい。

どんな問題でも解決しようとしたり、解決させようとしがちなのが教師である。しかし、教室で起きる問題は多種多様。それらすべてをスーパーマンのように、教師が解決できるわけではない。また、無理に教師が解決しようとして、子どもたちの納得を得られないこともある。

そこで、解決が難しいと思われる問題には、遠慮なく「わからない」「一緒に悩もう」「一緒に考えてみよう」と呼びかけて、子どもたちとの連帯感を高める方がずっと効果的である。

●子どもはそれを肯定的に受け止める

子ども同士の話し合い活動では問題が解決できないとき、教師がするべき最も重要な働きかけは、まず、「安心させてあげる」ことである。

そのためには、ときには大人である教師でさえも解決できない難しい問題があるということを、身をもって示すことである。ほほえみながら、「先生でもすぐには解決できない難しい問題だね」と子どもたちに語るのだ。それだけでも、子どもたちは安心する。

そんなとき子どもたちは、教師を軽蔑するのではなく、一緒に悩もうとしてくれる担任やそうした先生のクラスであることを、肯定的に受け止めてくれるものである。

27

寄り添い型

わからなさに共感する

指名したこどもが、答えられないとき。

そんな急にあてられても
答えられないよねえ……。
先生でもやっぱり、
困っちゃうもの。

●尋ねるほどに困惑する

もしも、指名した子どもが答えられなければ、まずはその子の「わからなさ」に共感することである。

教師は、職業としての責任感から、すぐに「どこがわからないの？」「どんなふうにわからないの？」と、問いがちである。

しかし、そのように尋ねられれば尋ねられるほど、子どもは困惑するのである。なぜなら、「わからない子」の多くは、どこがどのようにわからないかもわからないからである。だから、まずは、「わからないよねえ、難しいものね」と共感してあげることが大切なのだ。

●受容の雰囲気をつくる

発問した後の指名にはいくつかの種類がある。一般的なのは、「発問→挙手→指名」であろう。しかし、この方法だと挙手する子どもが限られてしまうという難点がある。また授業のテンポも悪くなる。問いのあとすぐに指名するという方法。しかし、これにも指名した子どもが答えられないという難点がある。また、「わからなさ」を追及すればするほど、教室には殺伐とした空気がつくられる。

そこで、指名した子がわからない場合は、まずその子の「わからなさ」に共感して、教室に「わからない子」を受容する雰囲気をつくることが大切なのだ。

28

寄り添い型

そのままを認める

子どもから批判めいた話が飛び出したとき。

○○さんがいつもきちんと仕事をしてくれなくて、いやです。
そうか、すごくいやだなぁって思ってるんだね。
ちゃんと仕事をしてほしいと思ってるんだね。

●沈黙のあとのひと言

たとえ教師として受け容れづらい発言でも、まずは、ひたすら肯定して聞く。

受け容れづらい発言に対しては、教師はややもすると、「そんな言い方はないんじゃないか」や「君にも悪いところがあるんじゃないのか」と言いたくなるものである。しかし、そうした反応が状況をよくすることはほとんどない。子どもの心を閉ざさせるだけだ。

多くの場合、子どもはひとしきり話した後、沈黙する。そこで、その沈黙のあとに、「君の気持ちはわかった。それで、君はこれからどうしたいと考えているの？」と尋ねるとよい。その上で、その子がとれる解決策を一緒に探してあげればよいのだ。

●信頼されるのは、話を聞いてくれる教師

教師が冷静な対応をしていることは、当事者以外の子どもも実はしっかりと見ている。その姿を見せることで、「どんなに感情をぶつけても、この先生はきちんと聞いてくれる」「解決策を一緒に探してくれる」という安心感を、周囲の子どもたちに持たせることになる。

そうした教師の受容的な対応は、一見、教師と子どもとのけじめをなくし、教師の権威を低くするような気がするかもしれない。しかし、そんなことはない。子どもたちは、自分の話を聞いてくれ、一緒に解決してくれる教師を望み、そういう教師にこそ信頼を寄せるのだ。

29

寄り添い型

合いの手を入れながら聞く

発表に自信のない子が発言しているとき。

分数のわり算は、わる数の……。
そうだね、わる数！
これが「1」になるように……。
そうなんだよ、「1」になる数なんだよ!!

発言を繰り返しつつ、プラス評価を

発表に自信が持てない子、発表の回数が少ない子というのが、学級には必ずいる。そうした子は、意を決して立ち上がったとしても、自信がないため、発言が途切れがちになったりする。そんなときは、教師が、発言の間に合いの手を入れる。それも、子どもが沈黙したときにすっと。

すると、発言中の沈黙も不自然な感じがしない。また、何より教師が合いの手を入れることによって、発表している子が自信を持って話せるようになる。コツは、子どもの発言を繰り返しつつ、プラス評価を短く入れることである。

教師の対応に影響される子どもたち

その様子を目にすることによって、発言している子どもと同様、発表の苦手な子どもたちが、安心を得る。言葉に困っても、先生が自然と手を貸してくれるのだという印象を与えるからである。教師のあたたかい対応の中、子どもたちは発言への意欲を高めることになる。

また、それは教室の雰囲気をよくすることにもなる。まず第一に、教師があたたかい対応をすることで、教室にあたたかい雰囲気をつくることができる。第二に、子どもたちが教師の対応に影響され、自然とあたたかい対応というものを身につけることができるようになる。

30

寄り添い型

同じ表情をする

休み時間、授業中、子どもの話を聞くとき。

せんせい、
きのうね……
なにか辛いこと
あったんだね……。

せんせい、
きのうね!!
なにかいいこと
あったんだ!!

●安心感と親しみを持たせるために

子どもが話しかけてきたとき、教師がまずすべきことは、子どもの表情を読み取るということである。そして、次にその表情から心情を読み解き、素早くその心情に同調するように、同じ表情をするということである。

コミュニケーションにおいては、言語によるものよりも、実は非言語によるものの方が影響が大きいと言われる。また、自分の心情に合致した表情をしている人には、親密度が高まるということも言われる。その意味で、教師がまず子どもと同じ表情をして見せるということが、子どもに安心感や親しみを持たせることになると言える。

●「同調行動」への自覚を持つ

誰かが、楽しかったことを楽しそうに教師に話している。また、困っていることを相談している。そういう場面を、周囲の子どもたちはよく観察している。「先生は、どのような話にどう対応してくれるのか」に興味があるのだ。それは自分の話を教師に話すときのひとつの指標になるからだ。周囲の子どもたちにとって、「自分の話が先生にどのように受け容れられるのか」が高い関心事なのは当然だろう。

だから、子どもの話に頷いたり、一緒に喜んだり、一緒に困ったりといった教師の「同調行動」への自覚を、教師はもっと高める必要がある。

31

寄り添い型

指示のあとのフォロー

全体へのきっちりとした指示のあと。

書く作業は速ければ速いほどいいんだよ。
ナミさん、もう書けたの!?　速い!!
始めから速く書ける人はいないから。努力すれば必ず速く書けるようになるからね。

●きっちり指導とあったかフォロー

全体になにかを指示するときは、やや鋭い言い方で、明確に指示する。そして、指示通りできた子に対しては、端的に力強く評価する。

しかし、そのあとには、指示通りにはできなかった子どもへのあたたかいフォローも必要だ。「始めからできる人はいないからね」「○○さん、昨日より速くできている」「○○くんは、時間がかかるけれど、いつも丁寧な作業だものね」

集団統率には、全体へのきっちりとした指示が必要不可欠である。しかし、そうしたきっちりとした指導の一方で、個人に対しては丁寧であたたかなフォローが必要なのである。

●まずは指示に対する評価を

教師の指示にしっかり従おうと思わせることが、集団統率の根本原理である。しかし、教師が自分の指示に対して、その到達度を一〇〇%求めてしまうと、教室は子どもたちにとって窮屈な場所になってしまう。さらには、教師の指示通りできない子どものことを、他の子どもが蔑んだり、子どもたち同士がチェックし合うような冷たい雰囲気の教室をつくることにもなってしまう。だから、教師は自分の指示に対して、その通りできた子どもも、できるようになろうとしている子どもを、きちんと評価しつつ、できなかった子どもには丁寧なフォローをする必要があるのだ。

32

寄り添い型

落差の指導

厳しい指示を出したあとに評価をするとき。

漢字のなぞり書きは、
はみ出ないように
挑戦しよう！

こんなにきれいに
なぞる人を
見たことないよ！

●力を抜かせてやる

学習は、緊張↓緩和の連続を意識して構成する。学力をつけるためには、丁寧な作業を心がけさせ、それができるように指導すべきである。だから目標は、意図して厳しくかつ高いものにする。「少しもはみ出ないように挑戦しよう」とか「全力で音読するんだよ」といったように。誠実に努力しようとする心がけと丁寧に作業する態度を引き出すためだ。しかし、そればかりを続けると、子どもたちは学習がいやになってしまう。ひととき懸命に努力させた後は、「成功に対する最大の賛辞」や「失敗に対するあたたかなフォロー」で力を抜かせてあげるようにする。

●適切な行動を印象づけるために

指導において、指示は重要である。しかし、単に指示をすれば、子どもたちは自ら動くようになるわけではない。指示に対してとった子どもたちの行動を、教師が正当に評価してこそ、指示は初めて有効なものになるのだ。だから、許されない行動に対しては、端的な否定とフォロー。そして、指示に対して適切に動けた場合には、承認が必要なのである。

そのとき重要なのが、厳しい指示↓評価（＝緊張↓緩和）という落差のうちに指導するということだ。そうすることで、子どもには適切な行動が強く印象づけられるのだ。

33

寄り添い型

「ありがとう」の工夫

子どもが教師や学級のために何かをしてくれたとき。

ヒロシくん、
ありがとう！
……してくれたんだね。
みんなのためにありがとう。

●すぐにその場で

教室や子どもをよく観察していると、子どものよい行為が目に飛び込んでくることがある。そんなときには、すぐにその場で「ありがとう」を言うようにする。

教師は、そうした場面で、「よくできたなあ」とか「偉いなあ」とかのように、格付けして評価してしまいがちであるが、やはり「ありがとう」がいい。上下関係ではなく、フラットな関係の中で、教師の「うれしい」という感情を率直に伝える方が、あたたかさが伝わるからである。また、ありがとうを言うときには次のような工夫をするとよい。名前を呼んで、「ありがとう」を言う。なんの行為に対して、なぜ感謝しているのかも伝えるとよい。

●注目がさらによい気分を生む

名前を呼ぶことで、その子に対する感謝の意が直接伝わる。「ありがとう」を言われた本人があたたかい気持ちになるのはもちろん、それだけではなく、周囲の子どもたちも「○○くんはどんなよいことをしたのだろう」と、その内容に注目する。そうした注目が、よい行為をした本人の気分を、さらによくする。

また、それだけではなく、よい行為がどのようなものであるのか、なぜそれがよいのかが、学級の中で共通認識されることにもなる。

そうなることによって、クラスの中でのよい行為がさらに引き出されることにもなる。

34

寄り添い型

真意を読み解く

子どもが攻撃的な接触をとってきたとき。

遊んで欲しいのかい？

そういうときは、
「先生、遊んでください」
と言うんですよ。

●真意を汲み取り、正しい行動を

近年、コミュニケーションが上手くとれなかったり、幼い関わり方をする子どもが増えてきた。教師とコミュニケーションを取りたいとき、わざと暴言を吐いたり、身体的な攻撃をしてきたりという子に、時々出会う。そうしたときは、表情やその子の普段の様子、家庭環境などから、総合的に判断して、「遊んで欲しいのかい？」「何か話したいことがあるんでしょう？」と真意を汲み取り、言葉をかけてあげる。

その言葉を子どもが肯定したら、「そういうときは『遊んで先生』って言うんだよ」「『先生、聞いてください』って言うんだよ」などと正しい行為も教える。

●「悪い子」をつくらない

こうした攻撃的なコミュニケーションをとる子どもへの指導は、非常に難しい。その行為を咎めなければ、周囲の子どもたちまでもが、そうした行為を「是」と受け止めてしまうだろうし、いきなりその行為を「いけない行為」として厳しく指導すれば、今度はその子と心を通わせることができなくなってしまうからである。また、なによりその子は、周囲に「悪い子」として認識されてしまうだろう。こうした状況は、その子どもにとって、発達を促すよい環境とは言い難い。そこで、攻撃的な行為の背後にある真意を見抜いた上で、適切な行為を教える必要があるのだ。

35

寄り添い型

文脈をそらす

子どもが受け容れづらい言動を取ったとき。

●文脈を「笑い」に変える

本当は認めてもらいたいのに、それが上手く表現できないので攻撃的になってしまう。教師に褒められると嬉しいのに、「褒めないでよお！」と言ってしまう。先生を「おじさん」「おばさん」と呼ぶ……。

今の学校では、こうしたことも珍しくない状況になっている。

それらを厳しく指導することは、もちろん必要だ。しかし、その子の言動の真意を考えるとき、厳格な指導一辺倒では、子どもと心通わせるのが難しい場面も多くある。そんなときは、文脈をそらして、笑いに変えるという方法も、状況によってはあってもよい。

●教室の空気を変える

教師にとって受け容れづらい言動をとる子どもに対しては、厳格に指導したいと考えるのが普通だろう。教師の権威を守る方法だと考えるからだ。それは、当然のこと。しかし、そうした受け容れづらい言動の一つひとつに厳格に対応していくと、教室の空気が荒むことがある。周りにいる普通の子どもたちの心がすり減ってしまうのだ。

そこで、そんなときは文脈をそらして笑いに変えることが有効だ。イタズラ書きをしている子には、「上手い絵だなあ。学級通信のカットに使うから今度描いてよ」。靴のかかとを踏む子には、「先生の初恋の人も、よくかかとを踏んでたわ」などのように。

コラム

春子式土器

春子さんは、たいへんおとなしい子でした。休み時間も、友だちと話すより、座って絵を描いている方が好きという子でした。そんな春子さんですから、もちろん授業中は手を挙げることなどありません。しかし、縄文土器の学習をしている時間、ちょっとしたドラマが起きました。

私は「縄文時代の人たちが使っていた土器の形を想像して、ノートに絵を描きなさい」と指示しました。

子どもたちの多くは、底が平らな土器を描いています。ところが、一人だけ底が尖った形の土器を描いている子がいました。それが、春子さんです。

私は、全員に土器の絵を黒板に描くよう指示しました。ずらっと並んだ土器の絵。一見して、一つだけ違う形の土器があることにみんなが気づきました。恥ずかしそうにうつむく春子さん。そこで、私は「こういうふうに、誰も考えつかないアイディアや誰もやらない方法っていうのを発表するのは、とっても良いんだ。みんなの勉強が盛り上がるから。でも、春子さん、この春子式土器は使えるかい？」と軽くツッコミました。前半の賛辞がウソくさくならないための配慮でした。

春子さんは恥ずかしそうに首を振って、「先生、消して」と言いました。私が、「みんなは、どう考える？」と周囲の子に意見を求めると、周囲の子は春子さんに気を遣いながらも、「やっぱり地面に立たないと思うから使えないと思う」と考えを述べました。

そこで、私は資料集を開かせました。すると、どよめきが起こります。「春ちゃんのだ！」「春子式土器がある！」と、子どもたちは口々に言い合ったのでした。

この対話術は50＆58ページ参照

第3章 対話術を鍛える

「対話術は努力して訓練するのが困難」というのは、
その方法がわからないから。
簡単で効果的な15のトレーニング方法とエクササイズをご紹介。

1

即興力を
鍛えるトレーニング

車窓からコメントする

通勤手段は電車だろうか、バスだろうか。もし、あなたが車窓の景色を見ることのできる手段で通勤しているのなら、この方法をおすすめする。

教室での対応の本質は、その大部分が即興力にあると言えるだろう。

それは、一瞬一瞬の子どもの動きを、即座にキャッチ&リターンするということだ。

だから、次々変わる車窓から見えるものにコメントするのは、よいトレーニングになる。

例えば、こんな具合にだ。

「あら、ワンちゃん。ペイズリーの服がよく似合ってるよ」

「おや、電柱さん。すらっと背が高くてスマート」

もちろん声を出す必要はない。

◆即興力を鍛えるエクササイズ

- □ 電柱を五通りの言い方で褒める。
- □ 通過するすべての駅名で、ダジャレをつくる。
- □ 向かいに座った人について、ひと駅の間に十個褒める。
- □ マナーの悪い人に効果のありそうな注意の仕方を三つ考える。
- □ 下車するまでに、車内の五人にぴったりなあだ名をつける。
- □ 先頭車両から最後尾まで、心の中で実況中継をしながら歩く。
- □ 車内広告一枚につき、五箇所褒める。
- □ 目の前の人の血液型を予想して、その理由を論理的に説明する。
- □ 電車が一区間を走る間に現れる車窓の景色に七つのコメントをつける。
- □ 駅員さんに伝える感謝の言葉を三種類考える。

2

発見力

を鍛えるトレーニング1

「今日の子」を褒める

「今日の子」というのを心の中で決め、できるだけその子のよいところを見つける。そして、その日は、その子を徹底的に褒めてあげることにする。

一人の子どものよさを、できるだけたくさん見つけることが、その子との良好な関係を築くことにもなるはずだ。

教師は、ある規準をもって、学級を統率している。だから、そうした規準に適合した子どものことはよく褒めている。もちろん、そうしたことはある意味で必要なことだ。しかし、一方でそのことが、ある子たちにとっては面白くないことであったり、学級内での格差を生むこともあるはず。

このトレーニングはそうした学級内における格差を改善する方策にもなっている。

◆発見力を鍛えるエクササイズ1

- □「今日の子」のことを三回以上褒める。
- □休み時間は、「今日の子」と行動を共にし、よいところを三つ以上見つける。
- □「今日の子」の筆入れの中身を見せてもらい、その子の嗜好を知る。
- □学級のみんなから「今日の子」に拍手が送られるような場面を演出する。
- □「今日の子」のノートを借り、褒め言葉と共に掲示する。
- □「今日の子」が関わったエピソードを、次の日の学級通信に掲載する。
- □「今日の子」のあこがれの職業を聞き出す。
- □「今日の子」に「○○のプロ」「○○の達人」「○○の名人」という称号を与える。
- □給食の時間「今日の子」のそばに座り、好きな食べ物を聞き出す。
- □「今日の子」の名前を、授業中に例文やたとえ話の中に入れる。

③
発見力
を鍛えるトレーニング2

隅から隅まで歩いてみる

子どもに声をかけるときには、その子の変化についての話題がよい。「髪を切ったの？」とか「靴が新しくなったね」とかいうような。

そうした話題を見つけるための発見力を普段から高めるためのトレーニングが必要だ。それが、校舎の隅々を歩くというもの。

例えば、月曜日の放課後に校内を歩き回った後、金曜日の放課後に再度めぐってみる。その時、いくつの変化に気づけるだろうか。ポスターの貼り替え、場所の変化、貼ってある絵画の違いなどに気づけるだろうか。

また、短い期間での変化を見つけるのもよい。早朝に校内をめぐり、その日の放課後再度めぐって変化を見つけることができるだろうか。

◆発見力を鍛えるエクササイズ2

□ 校庭にある樹木の変化について二つ挙げる。
□ 掲示されている児童会活動ポスターの変化を見つける。
□ 学校の中で一番汚れているところを挙げてみる。
□ 掲示板の児童画を見て、担任教師が気をつけて指導した点を見つける。
□ 子どもたちの下駄箱で、いつも靴が落ちている子の名前を挙げてみる。
□ 特別教室の掃除用具入れの中身を覗いて、整頓する。
□ 理科室の教師用机の上に何も置かれていないように整頓する。
□ 掲示物が子どもの目の高さに合った位置にあるかをチェックする。
□ 行事の前後や、季節の変化による落とし物の種類の変化を、それぞれ挙げる。
□ 子どもにとって、「危険な場所」「やや危険な場所」「強いて言えば危険な場所」をそれぞれ三カ所を挙げる。

4

観察力
を鍛えるトレーニング1

子どもの下駄箱から読む

教師が子どもの話を引き出すと言っても、きっかけがなければ、なかなか話しかけられない。そこで、一日一回子どもたちの下駄箱の靴を覗くことをすすめる。靴を見ると次のようなきっかけで会話を始めることができる。

「ヒロシくん、昨日靴乱れていたけれど、放課後なにかあったの？」

「ヨシオくん、今朝下駄箱に靴がなかったけれど、昨日は公民館でサッカーの練習だったの？」

「サトちゃん、靴がぬれていたけれど、足は気持ち悪くないかい？」

また、下駄箱を覗くことは、靴に対するいたずらの予防や、左右逆においてある靴などから、その子の認知上の特性を把握することにもなる。

◆観察力を鍛えるエクササイズ1

- □ 最近靴を新しくした子がわかる。
- □ 靴紐の解けがちな子の名前を挙げてみる。
- □ 靴紐の解けがちな子とその子の生活習慣・学習習慣の因果関係を考える。
- □ 靴のかかとを踏んでいる子の名前を挙げてみる。
- □ 靴のかかとを踏んでいる子とその子の生活習慣・学習習慣の因果関係を考える。
- □ クラス全員分の靴をまっすぐに直す。
- □ 靴を左右反対に履いている子の名前を挙げてみる。
- □ 靴を左右反対に履いている子とその子の生活習慣・学習習慣の因果関係を考える。
- □ 毎日、靴をまっすぐにしまって帰る子の名前を三名挙げる。
- □ 下駄箱の児童氏名がはずれていたら、その日のうちに直す。

5

観察力
を鍛えるトレーニング2

鳥の目、犬の目、ミミズの目

子どもを観察するのは、あらゆる教育活動の基本だ。その見る目を鍛えるのがこのトレーニング。

例えば、放課後の教室で椅子の上に立ってみる。机の乱れ具合、ロッカーの上に乗っている不必要なもの、子どもたちが通りにくいほどに狭くなっている机の間などに気づく。また、しゃがんで教室を見渡してみる。子どもの机の横にかかってい る巾着が目に入る。ひもが長くて、巾着が床についている子どもがいる。教室後方から見ると、机の中に入っている不要なものが目に入る。最後に、うんと低い位置から教室全体を見てみる。床の汚れ、一番下の棚に積もったほこりなどが目に入る。

目の高さを変えれば、ものの見え方が変わってくるのだ。

◆観察力を鍛えるエクササイズ2

- □ 教室に入った瞬間に曲がっている机に違和感を感じることができる。
- □ 放課後、教室の後にしゃがみ、子どもの机の中を点検する。
- □ 掲示物の乱れ（はずれ・まがり）を見つける。
- □ 机間巡視中にゴミを五つ見つける。
- □ 掃除用具入れの中を一日一回点検する。
- □ 子どもたちの机の中を一日一回整頓させる。
- □ 一日一回全員のノートを集め、目を通す。
- □ 毎朝子どもたちの机をぞうきんがけする。
- □ 学級文庫を一日一回整頓する。
- □ 干してある雑巾を毎朝しまう。

6

質問力
を鍛えるトレーニング1

出会った人に質問する

対話の基本は、相手に興味を持つということである。しかし、相手への興味というのは最初からあるものではない。質問しているうちに興味が持てるような面白い事柄にぶつかるものなのだ。

そこで、行った先々で何でもいいから一つ質問をするようにする。

例えば、タクシーに乗った際、私は次のように質問したことがある。

「運転手さん、儲かる天候ってあるんですか」

すると、運転手は、

「にわか雨なんかがいいねえ。最初から雨だと、お客さん、そもそも外出しないからねえ」

悪天候であれば、とにかくタクシーには都合がよいと思っていた私には意外な答えだった。

◆質問力を鍛えるエクササイズ1

□ 会合や研修で隣り合った人の「好きな○○」をひとつは聞き出す。

□ 会合や研修で隣り合った人の「嫌いな○○」をひとつは聞き出す。

□ 研修会の講師から、自分が知らなかったことを、三つ聞き出す。

□ 会合や研修で隣り合った人と自分との共通点をひとつは聞き出す。

□ 学級の子どもの着ている服について、質問をする。

□ 学級の子どもの持ちものについて、質問をする。

□ タクシーの運転手や店員に最も忙しい季節や時間を質問する。

□ タクシーの運転手や店員に最も暇な季節や時間を質問する。

□ 異業種の人との会話では、「私の仕事で言うと○○でしょうか」と尋ねる。

□ 「野球は好きですが、私はプロ野球ではなく、もっぱら高校野球なんですよ」というような総論賛成、各論反対の立場で話を盛り上げる。

7

質問力
を鍛えるトレーニング2

同僚に質問する

「聞くは一時の恥、聞かぬは一生の恥」と言うが、これはウソ。「聞くは一生の得」だ。

だから、とにかくわからないことは、聞くに限る。質問する相手が、大人であろうと子どもであろうと、質問することが他人との会話を弾ませるきっかけなのだ。だから、とにかく質問をしてみよう。一日一回でもいい。

しかし、聞き方やマナーには気をつけること。

・話しかけてよいタイミングかどうか十秒は相手を観察する。
・「教えていただけますか」から始める。
・「わたしはこう考えているのですが、いかがでしょうか」と自分の考えを述べるようにする。
・お礼を必ず述べる。

◆質問力を鍛えるエクササイズ2

- □ 同僚から、保護者からのクレーム対応に関するポイントを三つ聞き出す。
- □ 同僚から、子どもたちを集中させる方法を三つ聞き出す。
- □ 同僚から、教科書の範読のコツを三つ聞き出す。
- □ 同僚から、計算力をつけさせるコツを三つ聞き出す。
- □ 同僚から、忘れ物を少なくする三つ聞き出す。
- □ 同僚から、子どもを褒めるポイントを三つ聞き出す。
- □ 同僚から、子どもを叱るポイントを三つ聞き出す。
- □ 同僚のお薦め教育書三冊を聞き出す。
- □ 同僚の尊敬する先輩の話を聞き出す。
- □ 同僚から、掃除指導のコツを三つ聞き出す。

8
コメント力を鍛えるトレーニング

苦手な人を褒める

教室で、子どもたちの言動に即座にコメントするためのトレーニングである。どんな状況でも即座にコメントするためのトレーニングは、コメントするのが難しい状況や対象を想定すればいい。

例えば、苦手な人を思い浮かべ、その人への褒め言葉を、十個考えるというようなことである。

次のような思考ができればしめたもの。

「細かいことにウルサい人」→「よく気のつく人」

つまり、対象自体を変えることは難しいが、その評価は表裏一体。否定的評価があれば、肯定的な評価もあるということだ。

このトレーニングは、単にコメント力を鍛えるだけではなく、子どもの見方を変えるトレーニングにもなる。

◆コメント力を鍛えるエクササイズ

□ ワイドショーで非難されている人を、弁護してみる。

□ 職員室で誰かが批難めいた発言をしたら、「確かにそうですね。でも◯◯な面もありますよ」と肯定的評価も加えてみる。

□ 職員会議の議題について、メリット・デメリットをそれぞれ三つずつ考える。

□ 周りの子から評価の低い子どもを、クラスのスターにする方法を五つ考える。

□ 他人のマイナス発言を、すべてプラス発言に変える。

□ 嫌いな芸能人を、十個褒めてみる。

□ 教室の窓から見えるものを、十個褒める。

□ 飲食店に行ったら、店を出るまでに、店員に対して店のことをひとつは褒める。

□ 学年の先生に一日一度は感謝の言葉を述べる。

□ 同僚の先生を一日三人褒める。

9
話術
を鍛えるトレーニング1

通勤時にラジオを聞く

通勤時間の過ごし方はどのようなものだろうか。読書をする、睡眠をとる、授業メモを作成する……。私の場合、車での通勤なので意識してラジオ番組を聞くことにしている。

ＡＭラジオからは、その日教室で話せる話題や、心が疲れたときには癒しをもらうことも多い。それは、ＡＭラジオが人間の喜怒哀楽を扱っているからである。

一方、ＦＭラジオからは、インタビュー術やコメント術を学ぶ。特に、無口なミュージシャンへのインタビューなど勉強になる。一つ一つの質問が、どのような意味を持つのかを考えると、子どもから意見を引き出す技と通じるところもあると感じる。

◆話術を鍛えるエクササイズ1

□ ラジオを聞いて教室で、今日話すネタを三つ以上仕入れる。

□ インタビューされている人の答えに、もう一歩突っ込んだ質問を考える。

□ 流れてきた音楽に、キャッチフレーズを二つつける。

□ 流れてきた音楽を、どんな人に聴かせたらよいかのアイディアを三つ出す。

□ 流れてきた音楽を、学校生活のどんな場面のBGMとして使えるか考える。

□ DJの言葉に、肯定的な受け答えだけを一分以上続ける。

□ DJの言葉に、否定的な受け答えだけを一分以上続ける。

□ DJのよいと思うところを、五個挙げる。

□ DJの改善点を三個以上挙げる。

□ 今聞いているラジオ番組の番組名を変更すると仮定して、候補を三つ以上挙げる。

10
話術を鍛えるトレーニング2

話のネタを仕入れる

教室での、朝一番の話というのは重要だ。朝の会の「先生からの連絡」が、本当に連絡だけで終わってしまったり、時にはお説教だったりすると、子どもたちは、朝からげんなりだ。

そこで、朝一番に話すためのネタを普段から仕入れておく必要がある。

「今日は何の日」というインターネット・サイトは参考になる（http://www.nnh.to）。また、ふと見かけたことを題材にしてもよい。電車の中で化粧をする女性の話、大きく新聞を広げて読むサラリーマンの話。ちょっとした雑学、科学のお話……。いくらでも話のネタはあるはずだ。

ちょっぴりユーモアがあって、うるさくない程度に教訓を含んでいるようであれば、なおよい。

◆話術を鍛えるエクササイズ2

□ 子どもの下駄箱から、ネタ（話題）を三つ見つける。
□ 今朝の朝刊から、ネタ（話題）を三つ見つける。
□ 掃除の時間一緒に掃除をして、ネタ（話題）を三つ見つける。
□ 給食の時間に、ネタ（話題）を三つ見つける。
□ 子どものノートから、勉強が得意な子のノートの共通点を五つ見つける。
□ 子どもの筆入れの様子から、ネタ（話題）を三つ見つける。
□ 通勤時に、ネタ（話題）を三つ見つける。
□ 「今日」生まれた有名人を三人以上探す。
□ 朝の会の「先生からの連絡」で、子どもたちを最低一度は笑わせる。
□ 献立表からネタ（話題）を三つ見つける。

11

話術を鍛えるトレーニング3

昔話を使って語る

絶叫調で子どもたちを指導している教師がいる。もちろん、時には効果があるだろうが、長い時間話されると疲れる。疲れる上、素直な気持ちで聞けない。素直な気持ちで、「先生の話を聞こう」と、子どもに思ってもらえる話し方というのはないのだろうか。

私がおすすめするのは、「昔話調」。ゆったりとしたテンポで適度な間が空いていると、聞いていて心地よい。

「むかーし、むかし。……あるところに……」というリズムとテンポ。これを身につけるとよい。

そして、こうした話し方を、肉体化する唯一の手段が、実際に語るということだ。昔話の本を家庭で、教室で朗読することをおすすめする。

◆話術を鍛えるエクササイズ3

□「先生からの連絡」をストーリー化して話す。
（例「あした、あるところに、全校朝会があります。……遅れないように……」）

□誰かに一日一冊絵本を読んで聞かせる。

□朗読、落語、語りなどのCDを一枚につき三十回聞く。

□好きなDJや俳優の話し方を真似してみる。

□「演説調」「昔話調」「お笑い芸人風」など、声質やトーンを変えて、教科書を読む。

□話の肝心な部分では、声のトーンを落として話してみる。

□話の肝心な部分の前では、間を二秒あけて話してみる。

□三秒に一人ずつ、子どもと目を合わせながら話す。

□出勤や帰宅時に、昔話のパロディーを三つ考える。

□話が上手な同僚のよさを、五つ以上見つける。

12
会話力
を鍛えるトレーニング1

家族との会話を弾ませる

対話の腕を上げる一番の方法は、人と話すことである。対話術は、たくさんの人と話すことによって、もっともよく身につく。

しかし、たかだか一人の教師が出会える人の数など、限られている。

そこで、いつも一緒にいる家族に、練習相手になってもらう。もちろん、「練習台になって」なんて頼む必要はない。心の中で、「気軽な練習だ」と思って、本書で取り上げている技術を駆使し、会話を弾ませてほしい。

家族との会話の利点は、なんといっても、その気軽さにある。たとえ上手くいかなくても、たいして気にする必要はないのだから。

◆会話力を鍛えるエクササイズ1

- □ 朝起きたらすぐに家族の誰かを褒める。
- □ 朝食に出てきたものを使ってダジャレを言ってみる。
- □ 新聞紙の使い方を三つ以上家族に提案する。
- □ 家族が着ている服について、肯定的なコメントをする。
- □ 食事をつくってくれた人に作り方を尋ねつつ、その人の笑顔を引き出す。
- □ 一日五回以上、家族に「ありがとう」を言ってもらうことができる言動をする。
- □ 家族に、今日あったことを五分以上話し続けてもらえるような合いの手を入れる。
- □ 「もしも動物園にいる動物のうち一頭だけ飼うことができるとしたら◯◯だ」という話をして、家族の賛同を得る。
- □ 「こんなキッチン用品があったらいいな」という話で、家族と盛り上がる。
- □ 「こんなキッチン用品があったら怖いな」という話で、家族と盛り上がる。

⑬
会話力
を鍛えるトレーニング2

休み明けの同僚と話す

会話する能力、相手から話を引き出す能力は、結局のところ、人と会話することでしか向上させられない。だから実践の場、つまり、会話をすることこそがよい練習になる。

もっとも手軽なのは同僚との会話だ。とくに、休み明けがよい。休み明けなら、どんなに口の重い同僚でも、話すべきなにかを持っているはずだ。

まずは、次のように話しかけてみる。

「先生、休み中はどこかに行ってらしたんですか」

「ああ、家族とちょっとね」

こう答えてくれたらしめたもの。本書で紹介している技術を駆使して、できるだけ相手から話を引き出してほしい。こうすることで、会話力が向上するばかりでなく、職場環境もよくなるはずだ。

◆会話力を鍛えるエクササイズ2

- □ 同僚から、休日の話題で三分以上の話を引き出す。
- □ 休み前の同僚と比べて、変わったところを二つ以上見つける。
- □ 同僚にお茶を入れる。
- □ 「休み明けはやる気がある方ですか?」から会話を始めてみる。
- □ 職員室で、五人の同僚に個別に「おはようございます」を言う。
- □ 放課後「今日の子どもたちの様子はいかがでしたか」と話を切り出してみる。
- □ 「休み明けの子どもたちを元気にする方法」を三人以上に尋ねる。
- □ 同僚が行ったことのあるおすすめ飲食店を、三件聞き出す。
- □ 同僚のおすすめ遊びスポットを三箇所聞き出す。
- □ 同僚から「私の好きな〇〇」を聞き出す。

14

判断力
を鍛えるトレーニング

三秒で決断する

教室での対応には、判断の速さが必要である。子どもの姿から、どのような状況であるのかを判断する。そして、どのような対応をすればよいかを判断する。これらの判断には、常に速さが求められる。

今、目の前で起きている問題に対して、一週間後に対応しても意味がないのである。

そこで、普段からできるだけ速く判断をする癖をつけておく。

例えば、仕事上での判断場面でも、「ちょっと待ってください」や「あとで改めて……」という言葉を使わずに即決してみる。

正しくても遅い判断は、速い判断に劣ると考えて行動してみるのである。

◆判断力を鍛えるエクササイズ

□ 飲食店では、注文を三秒で決める。

□ 今日着ていく服を三秒で決める。

□ 問題には、自分で選択肢を三つ用意し、三秒で決める。

□ 提出書類や行事反省を、配布されたらその場で書きすぐに提出する。

□ テストの丸つけを、実施時間内に終わらせる。

□ 朝刊の紙面から今日子どもたちに紹介するニュースを、三秒で決める。

□ 給食時間、「先生になんでも質問していいよ」と子どもたちに伝え、質問に対して間髪を容れずに答える。

□ 朝の会の先生からの連絡を三〇秒以内に済ませる。

□ 授業中の子どもの発言に、間髪を容れずにコメントする。

□ 一日一回、全員のノートを集め、五分休みの時間に、すべてＡＢＣ評定して返却する。

15

発想力
を鍛えるトレーニング

十個出してみる

子どもたちのしたことや言ったことに対して効果的に対応するには、多くのバリエーションがあった方がよい。もしも、教師の側に対応のバリエーションが少なければ、子どもたちの多様な反応を引き出すことが難しいからだ。

では、対応のバリエーションを増やすにはどうしたらよいのか。つまるところ、それは、即興性と発想力を鍛えるということに行き着く。

そこで、普段から、目に映るものに対して、十個という数を意識して、アイディアを出すようにトレーニングする。

例えば、そば屋に行ったら、「その店を繁盛させる十のアイディア」などを考えてみるというふうに。

◆発想力を鍛えるエクササイズ

□ 自分の授業を改善するアイディアを十通り出してみる。
□ 教室をきれいにするアイディアを十通り出してみる。
□ 面白そうな係活動の内容を十個考える。
□ 子どもたちが喜んで書きそうな作文ネタを十個考える。
□ 学校をきれいにするアイディアを十通り出してみる。
□ 豚の挽肉を使った料理を十種類思い浮かべる。
□ 子どもがやる気になるほめ方を十通り考える。
□ 子どもがよく間違う漢字を十個書き出す。
□ 全員が挙手できる初発の発問を十個書き出す。
□ 子どもの音読ががらっと変わる指示を十個書き出す。

コラム

そのままを認める

「先生、言いたいことがある」と、その子は私の前に立ちました。目はつり上がっています。私は、内心、「とうとうきたな」と思いました。

一年生を迎える会の出し物リーダーになっていた彼女は、上手く練習が進められないことに、イライラをつのらせていました。

彼女は、やる気がある反面、周りへの要求も高く、自分の思い通りにならないとそれを爆発させてしまうタイプ。だから、リーダーとして最後まで仕事をやり遂げることができない……。

それが、前学年までの、周りの教師からの彼女への評価でした。

立ちはだかった彼女に、私は「言いたいこと、全部言ってごらん」と促しました。彼女の目からは涙があふれ出しました。

「先生、わたし、違うクラスにして欲しい！　このクラスになってから、ひとつもいいことないし、このクラスは面白くないし、みんな変な人ばっかりだし……先生もヤダ……」

「そうか、このクラスが嫌だと感じてるんだね」と私。

「そうだよ！」と彼女。

その後も、彼女の口からは、洪水のように不満があふれました。私は、周囲の子どもたちが注視していることを感じながらも、それらの言葉を遮らず、最後まで聞き通しました。

ひとしきり話し終えると彼女は、「もう一回、みんなにちゃんと練習するように言ってみる」とぽつりと言いました。

それから彼女は、しばしば私のところに来ては、いろいろな相談をするようになりました。また、その後は感情的に何かを訴えるということは、一度もありませんでした。

この対話術は78ページ参照

[著者紹介]

山田洋一（やまだよういち）
昭和44年北海道札幌市生まれ。北海道教育大学旭川校卒業。２年間私立幼稚園に勤務した後、公立小学校の教員になる。大学時代の同期とつくった教育実践研究サークルふろむＡで、教育実践研究をみっちりと積む。その後、教育研修サークル北の教育文化フェスティバルをつくり、代表に。思想信条にとらわれず、現場で役立つこと、教師人生を深めるものからは何でも学んできた。

著書
『学級経営力・中学年学級担任の責任』(共編著・明治図書)、『とっておきの道徳授業Ⅵ～Ⅷ』(佐藤幸司編、共著・日本標準)、『お笑いに学ぶ教育技術』(上條晴夫編、共著・学事出版）ほか共著多数。

イラスト　坂木浩子
ブックデザイン　佐藤　博

発問・説明・指示を超える対話術

2010年3月16日　初版発行
2014年3月20日　3刷発行

著　者　山田洋一
発行者　横山験也
発行所　株式会社さくら社
〒101-0051 東京都千代田区神田神保町2-20ワカヤギビル507号
TEL03-6272-6715／FAX03-6272-6716
http://www.sakura-sha.jp　振替00170-2-361913

印刷・製本／文唱堂印刷株式会社

ISBN978-4-904785-33-1 C0037